何小英 著

不急不催

NO
MUSS
NO
FUSS

轻松让孩子
学会时间管理

人民邮电出版社
北京

（CIP）数据

圣松让孩子学会时间管理 ／ 何小英著
民邮电出版社，2019.5（2022.4 重印）
/-115-51006-8

…Ⅱ.①何…Ⅲ.①儿童—时间—管理

本图书馆CIP数据核字(2019)第055713号

内容提要

上了幼儿园或小学以后，每天的起床、洗漱、早餐、上学、放学、做作
都可能引发家庭"战争"。很多孩子没有时间观念，喜欢拖拖拉拉，父母
数次"快点快点"，孩子的问题依然没有减少，可能反而会越来越多：上
，写作业边写边玩，洗脸刷牙都要催……

父母抓狂又无奈：孩子为什么会如此拖拉磨蹭？

这是因为我们的孩子从小缺乏时间管理的培养。

本书通过介绍PCP儿童时间管理模型以及训练方法，帮助父母找到孩子时间
理问题的有效解决方法，培养孩子的时间管理能力，帮他们做时间的好朋友。
间管理能力的培养是一个长期的过程，需要父母和孩子一起坚持！

每位渴望孩子能管理好时间的父母，让我们和孩子一起，开始儿童时间管理
的学习和训练吧！

◆ 著　　　　何小英
　　责任编辑　马雪伶
　　责任印制　周昇亮

◆ 人民邮电出版社出版发行　　北京市丰台区成寿寺路 11 号
　　邮编　100164　电子邮件　315@ptpress.com.cn
　　网址　http://www.ptpress.com.cn

　　北京虎彩文化传播有限公司印刷

◆ 开本：880×1230　1/32
　　印张：10.25　　　　　　　2019 年 5 月第 1 版
　　字数：257 千字　　　　　2022 年 4 月北京第 13 次印刷

定价：59.00 元

读者服务热线：(010)81055410　印装质量热线：(010)81055316
反盗版热线：(010)81055315
广告经营许可证：京东市监广登字 20170147 号

推荐序一

　　我与何小英老师的相识是在 2014 年 12 月，当时她特意从北京来上海参加我 4 天的"情商讲师 TTT"课程的学习。

　　当何老师上台分享情商课程的讲演练习以后，我给她的评价是："何老师授课状态非常好，在台上大方沉着，并对课程内容进行了精心的准备。何老师语速适宜，语音语调令人愉悦，是一位专业的情商讲师。何老师有着丰富的职场经验，她能将这些经验转化为生动的案例运用到授课中，这一点非常值得赞赏！"

　　后来何老师告诉我，我的这一番话极大地"赋能"于她，她因此深受鼓舞；而且，这段话一直激励她不断地努力和拼搏，勇往直前。

　　从那以后，她开始深耕于亲子教育领域，除了研究亲子情商，她还在儿童时间管理领域不断实践、授课，解答父母的困惑。从这本书，特别是第 4 章关于培养孩子坚持力的部分，就不难看出，她将情商充分运用到了儿童时间管理的训练方法上，确实很有效果！因为家长如果没有做好亲子情商的培养和亲子沟通，在训练孩子的时间管理能力时会屡屡碰壁！

　　非常高兴看到小英老师去年参与编写的《不急不吼

轻松养出好孩子》广受好评，今年又有《不急不催 轻松让孩子学会时间管理》付梓。我很喜欢"不急不吼""不急不催"这两个词，因为从情商的角度，"急、吼、催"都不能有效解决孩子成长过程中出现的各种问题，父母只有不断地学习和成长，才可以理解孩子，运用科学的育儿方法，逐步减少着急、催促和吼叫！

最后，祝福何小英老师继续在儿童时间管理领域不断深耕，帮助更多的孩子提升时间管理能力，帮他们做时间的好朋友，成为高效、高情商的优秀孩子！

著名心理学者，情商教育专家

【卡卡幼儿情商力】创始人

张怡筠

父母对子女的爱是指向分离的，所以我们对孩子最好的教育就是培养孩子照顾自己、接管自己生活的能力，而这种自我管理能力的核心便是时间管理和情绪管理。很高兴小英老师在她的这本新书中创造性地提出了 PCP 儿童时间管理模型及其训练法，这种训练法对想要培养自己孩子时间管理能力的父母有着很强的建设性、启示性和很强的可操作性。

PCP 儿童时间管理模型可以用一个等边三角形表示，底边是计划力，左腰是专注力，右腰是坚持力。制订计划是时间管理的基础，在制订具体计划时，父母要遵循四个原则：尊重孩子的年龄阶段；和孩子一起制订计划；计划要符合孩子的喜好；循序渐进，由简入难。

专注力是儿童时间管理训练的关键，而培养孩子专注力的最好方式，就是在孩子专注地做事时，不去打扰；在孩子需要时，给予我们最好的陪伴。

坚持力则是儿童时间管理训练的保障。因为时间管理能力的养成有长期性、容易反复的特点，所以父母要想让孩子做到长期坚持不懈，提升自身亲子沟通和情绪管理的能力至关重要，良好而稳固的亲子关系会让孩子做事时拥有更多的耐心和坚持力。

　　做好时间管理并不是一件容易的事，我们看到太多已为人父母的成年人尚无能力管理好自己的时间，做事缺乏计划性、专注力和持久性。我们在培养孩子的时间管理能力时，则需要多一份觉察，理解时间管理能力的培养是一个长期过程，要尊重孩子的身心发育阶段和认知水平，不能用成年人的标准和效率去要求孩子。

　　在这个过程中，除了可以学习、借鉴书中的方法以外，父母更要做好自身的榜样示范。我们期待孩子成为什么样的人，就让我们自己先成为什么样的人；期待孩子有什么改变，就让我们自己先做出改变。如果我们自己没有做出改变，就不知道改变需要什么。

　　时间，构筑了一个人的生命。时间管理，本质上不只是一种提升学习和生活效率的技能，也是一种对自身生命价值和质量的管理。相信小英老师的这本书会帮助更多的父母找到开启培养孩子时间管理之门的钥匙，而这扇门，也是孩子走向丰盈、自主、从容人生的大门！

　　　　　　　　　　　　儿童教育学者，中国榜样家长

　　　　　　　　　　　　育儿育己工作室创始人

　　　　　　　　　　　　王人平

会管理时间的孩子更容易成功

比尔·盖茨认为，真正的财富＝观念＋时间，所有的成功人士都是安排时间的高手。一个人如何对待时间，时间就如何回报他。

绝大部分学习优秀的孩子在时间管理方面都非常突出。清华大学有一对荣获"本科特等奖学金"的姐妹花，她们的学习计划表在网络上一公布，就被网友们疯狂转载、学习，成为网络的热门话题。

这对姐妹从小就会给自己制订详细的学习计划表，每日计划精确到每小时的安排，学习、活动各方面都兼顾到了，而且执行得非常好。

时间管理有方法，越早开始训练，孩子就能越早成为时间的主人，也越容易拥有成功、自律、快乐的人生。

孩子的时间需要管理吗

在孩子 3 岁以前，作为宝妈的我和很多宝爸宝妈一样，很少会关注孩子的时间管理问题。

直到孩子上了幼儿园以后，我才逐渐变得焦虑起来。

"宝贝，已经晚上 10 点了，明天还要早起上学呢，快点儿睡吧！"

"妈妈，再给我讲个故事吧。"

......

"宝贝，该起床了，一会儿上学要迟到了！"

"不嘛不嘛，我好困，我要再睡一会儿。"

......

等到孩子上了小学，事态愈发严重了——每天起床、洗漱、早餐、上学、放学、做作业、弹钢琴、睡觉……这些看似平凡的场景，却经常出现"大人大吼，小孩大叫"的热闹场面，一不小心，还会演变成一场场没有硝烟的"家庭战争"。

看到孩子没有时间观念，做事拖拖拉拉，宝爸宝妈们的脾气可就没有那么温和了，"快点儿"就成了父母的口头禅。

"该起床了，快点儿快点儿，要不上学该迟到了！"

"就剩几口了，快点儿吃完！"

"快点儿把作业做完！"

"快点儿把这首曲子拉完！"

"快点儿，别拖拖拉拉、磨磨蹭蹭的了！"

……

说了无数句"快点儿快点儿"以后，宝爸宝妈们成了爱急爱吼的人，但孩子的问题却没有减少，反而越来越多。

· 上课走神，开小差，经常被老师批评。

· 一到寒暑假，孩子就"放羊"：晚睡晚起、玩手机游戏、生活没有规律。

· 洗脸刷牙，吃饭睡觉，收拾玩具……什么都要催。

· 不会控制情绪，父母一催促，孩子就乱发脾气。

……

宝爸宝妈们抓狂又无奈：为什么我们的孩子会如此拖拉磨蹭？

因为我们的孩子从小缺乏时间管理的培养。

我走上研究儿童时间管理的道路，很大的原因是因为我家孩子牛宝。牛宝上小学一年级的时候，我发现他的时间感很弱，很多学习和生活上的安排都需要大人催促，我们说一件，他才做一件，自主性非常弱。每天不停地催催催，弄得我们身心疲惫、一筹莫展。

困惑之余，我开始潜心研究儿童时间管理的问题。深入研究和实践以后，我才意识到，原来我们没有花足够的时间训练孩子的时间管理能力。意识到问题以后，从牛宝一年级下学期开始，我和家人开始训练他掌握时间管理的方法，虽然进展缓慢，但牛宝的时间观念开始慢慢建立。

遗憾的是，我们没有在儿童时间管理的第一个黄金期——"3～6岁"期间进行训练；幸运的是，我们训练牛宝的时候，正好赶上了第二个黄金期"6～9岁"。

幸好，种一棵树最好的时间虽然是十年前，但其次就是现在——只要开始，都还来得及。

本书中有很多孩子在时间管理方面的典型案例，这些案例大多数来源于我家牛宝、我的学员以及读者的家庭。您可以从这些案例以及我提供的方法中，找到解决自家孩子时间管理问题的有效方法，帮助您培养孩子的时间管理能力，让孩子做时间的好朋友。

在讲授"儿童时间管理"这门课之前，我从没有想到这门课会受到那么多父母的关注和重视。我在各个平台讲授的儿童时间管理课程累计有30多万人收听，家长的提问累计有3000条之多，而且还在不断增长。我知道，每一条留言背后都有一个焦虑的家长。

我和魏华、李丛两位老师合著的书《不急不吼 轻松养出好孩子》出版以后，我通过读者群、线上分享、线下签售会，经常会收到全国各地家长关于儿童时间管理的各种问题。每天我都会接到很多家长的私信或电话，咨询我关于孩子时间管理能力培养的问题。由于我工作繁忙，精力有限，无法一一回答。

PCP 儿童时间管理模型

为了帮助更多的家长以及孩子，在秋叶大叔的建议下，我开始把自己多年的儿童时间管理实践方法整理成书，总结出一套行之有效的 PCP 儿童时间管理模型，以及围绕这个模型延展的训练法。

PCP 儿童时间管理模型可以用一个等边三角形表示，底部是计划力，左腰是专注力，右腰是坚持力。这三个能力要素，每一个都很重要，如下图所示。

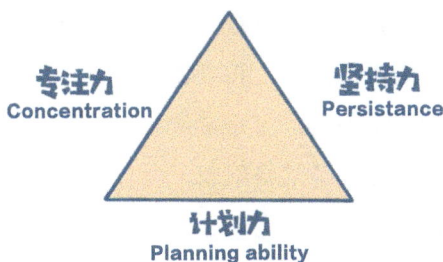

（一）计划力 P（Planning ability）

底部是计划力。计划力是制订和执行各种学习与生活计划的能力，这种能力是儿童时间管理训练的基础。

在训练孩子时间管理能力的过程中，计划力是最先需要训练的。教孩子从制订每日计划开始，再逐步到周计划、月计划、周末计划、寒暑假计划，引导孩子慢慢成为一个对学习、未来、人生都非常有计划性的人。关于如何提升孩子的计划力，将会在本书的第 2 章进行详细介绍。

（二）专注力 C（Concentration）

左腰是专注力。专注力是指不受干扰、专心致志地做事情的能力，专注力是儿童时间管理训练的关键。

要想让孩子学习高效、学业优异，父母就要学会保护和提升孩子的专注力。孩子有足够的专注力，才能守时按时、保质保量地完成学习任务，执行计划的效果才会更好。保护和提升专注力的方法会在本书的第3章详细介绍。

（三）坚持力P（Persistance）

右腰是坚持力。坚持力是指能按照目标长期坚持不懈的能力，坚持力是儿童时间管理训练的保障。

孩子时间观念的建立以及时间管理能力的培养，需要花费比较长的时间。父母要和孩子一起努力，培养孩子的毅力，引导孩子坚持不懈。

如果说孩子的计划力和专注力是短期可以培养的，那么，坚持力就是孩子时间管理能力从"量变"到"质变"过程中最重要的保障因素。

因此，要想让孩子能够乐意坚持，父母要做好情绪修炼、亲子沟通，还要配合相应的监督和激励方法，引导孩子坚持不懈。培养孩子坚持力的有效方法将在本书的第4章详细介绍。

以上就是关于PCP儿童时间管理模型的介绍。我通过线上课和线下课的教授，已经让近30万个家庭从中受益，获得启发，找到科学的方法帮助孩子提升时间管理能力。

根据这一模型，我和牛宝一起制订了每日计划，并粘贴在位于客厅醒目位置的白板上。他对自己每天的学习、兴趣和休闲的安排清晰了很多，我们的催促和唠叨也减少了许多。

我的学员涵涵妈妈，以前要求涵涵每天晚上做作业的时间是晚上 7:00 ~ 9:00，满满的 2 小时；涵涵总是坐不住，小动作非常多。在系统地学习了我的"儿童时间管理训练营"课程，掌握了 PCP 儿童时间管理模型以后，涵涵妈妈会让涵涵晚上做作业时中间休息 3 次，每次 5 ~ 10 分钟。因为劳逸结合，涵涵写作业时的小动作以及不耐烦的情绪减少了，学习效率也提高了。

还有一位家长轩轩妈妈，在学习了 PCP 儿童时间管理模型以后，她告诉我，轩轩以前做作业的时候，她不经意间会经常打断孩子的思路，比如指出错误、问话、送水果等，没想到会破坏孩子的专注力。现在，轩轩妈妈和孩子约定，做作业时不再打搅轩轩，等作业做完了再沟通。后来轩轩上课和做作业的专注力有了明显的提高。

．．．．．．．．．．

有很多家长向我当面反馈或发来信息，认为 PCP 儿童时间管理模型对他们训练孩子时间管理的能力有很好的指导作用。大量家庭的实践证明，这个模型可以指导父母有效地帮助孩子做好时间管理。

如何学好用好这本书

这本书共分为五章。

第 1 章为父母揭开孩子时间管理的秘密，帮他们走出培养孩子时间管理能力的误区，了解孩子时间管理训练的黄金期，找到孩子身心发展的规律，学会教孩子认识时间概念、懂得运用时间管理工具，培养孩子的时间感。

第2章到第4章主要是教父母如何运用"PCP儿童时间管理模型"，系统培养孩子3种重要能力，包括计划力、专注力和坚持力，综合提升孩子的时间管理能力。

第5章是我在解答家长育儿难题时常用的方法和步骤，以及家长最常见的时间管理方面的育儿困惑和我提供的有效解决方案。

学完本书介绍的方法以后，父母在生活中要不断地引导孩子实践和运用，与孩子一起思考和总结，找到最适合孩子的时间管理方法。

时间管理能力的培养是一个长期的过程，是需要我们和孩子终身学习的功课，需要父母和孩子一起坚持、不放弃！下面，就让我们和孩子一起，开始儿童时间管理的学习和训练旅程吧！

第 2 章 计划力：儿童时间
管理训练的基础 ——————

2.1　为什么要教孩子制订计划

竟然只有 30% 的孩子有制订计划的习惯

2.2　计划前明确目标，告别被动学习

有目标感的孩子，自我时间管理的动力更强

2.3　教孩子制订上学期间的每日计划

新学期，新的每日计划

4.5　3个奖励约定，让孩子更愿意坚持执行计划

期末考试该不该给果果奖励

4.6　哪些事情父母要坚持管，哪些要放手

3种父母：放养、严管、有效授权

第5章　儿童时间管理 Q&A ————————

附 录　PCP 儿童时间管理模型 ————————

第 1 章

为什么很多孩子
做不好时间管理

　　孩子做不好时间管理有个非常重要的原因：父母不了解孩子。很多父母认为，孩子长大了，自己也教孩子了，孩子就应该懂了。

　　可是为什么孩子就是做不好呢？

　　通过学习本章的内容，父母能了解自己和孩子，做到"知己知彼"，这是孩子时间管理能力培养能成功的重要前提。为此，本章会帮助读者了解父母和孩子基于做事效率的性格类型，然后从生物学的角度帮助父母了解孩子的生物钟类型，从儿童发展心理学的角度帮助父母了解时间管理能力的黄金训练期，并介绍计时器、番茄时钟等时间管理工具的运用方法。

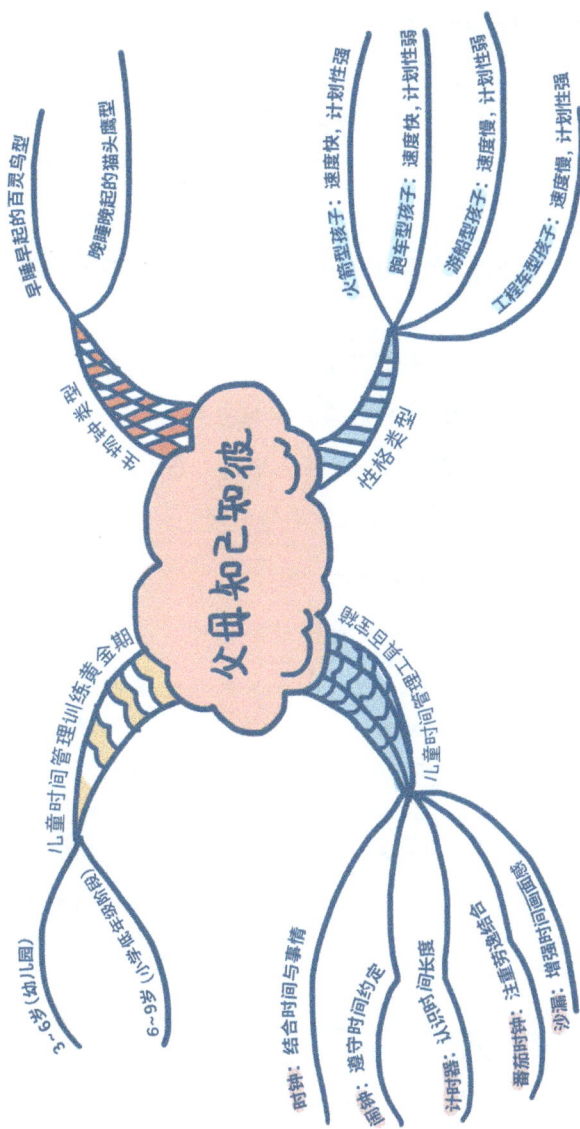

父母知己知彼

生物钟类型

早睡早起的百灵鸟型

晚睡晚起的猫头鹰型

性格类型

火箭型孩子：速度快，计划性强

跑车型孩子：速度快，计划性弱

游艇型孩子：速度慢，计划性弱

工程车型孩子：速度慢，计划性强

儿童时间管理训练黄金期

3~6岁（幼儿园）

6~9岁（小学低年级阶段）

儿童时间管理工具

时钟：结合时间与事情

闹钟：遵守时间约定

计时器：认识时间长度

番茄时钟：注重劳逸结合

沙漏：增强时间画面感

1.1　孩子时间管理能力强不强，关键看家长

即使一动不动，时间也在替我们移动。

——罗曼·罗兰

🕐 60% 以上家长的困惑：孩子做不好时间管理

5 年前，我开始讲授家庭亲子课程，到目前为止，在线上线下已经累计给 30 多万名家长讲授过亲子课程，累计为 3000 多名家长解答了育儿困惑。令人难以置信的是，60% 以上的家长向我提出了类似的问题：

"我家孩子一点儿时间观念都没有，该上学的时候拖拖拉拉，该做作业的时候磨磨蹭蹭。一看电视、玩手机游戏就生龙活虎，一到寒暑假就想吃喝玩乐，不愿意学习。我们都快要愁死了，小英老师，该怎么办呀？"

孩子给父母带来的快乐各有不同，而给父母带来的难题却十分相似。

为了解答这些难题，几年来，我通过给家长授课、

解答家长疑问，深入跟踪家庭个案，逐步建立起一套行之有效的儿童时间管理训练方法，即围绕 PCP 儿童时间管理模型，从计划力、专注力和坚持力 3 个维度培养孩子的时间管理能力。

当我遇到家长咨询孩子时间管理能力弱的问题时，我会先问："可以谈谈您自己是如何给工作、孩子、配偶和家务分配时间的吗？"

家长的答案通常是兵荒马乱、分身乏术、喘不过气来、拆东墙补西墙。

是的！这就是孩子时间管理能力弱的真正原因！

不是因为孩子特别难以教育，而是因为：

很多家长本身就很难管理好自己的时间和精力！

孩子耳濡目染，看着父母手忙脚乱、丢三落四、着急上火，而自己却要学会井井有条、自律守时、自信快乐地学习和生活，还真是有点儿难！

5

如果我继续问："当孩子没有办法遵守时间约定的时候，您是怎么处理的呢？"

家长通常会说："刚开始我会动之以情、晓之以理，两个来回以后还不见好转，就会忍不住又急又吼，甚至拳脚相对。"

有的家长甚至会对孩子说："这么点儿作业你都不能按时完成，你对得起爸爸妈妈吗？你以后要完蛋了！"

据统计，70% 以上对孩子时间管理能力有烦恼的家长，自己都存在着不同程度的时间管理问题。

只有当我们承认并接受一个原理，我们才有可能真正从本质上改善孩子的时间管理问题。这个原理就是：

要想让孩子的时间管理能力提升，包括提升计划力、专注力、坚持力，关键要看家长。家长需要自己践行科学的时间管理方法，才能培养出有时间观念、有计划性、能专注以及能坚持的孩子。

孩子管不好时间该如何应对

如果孩子管不好时间，常常会有以下 3 种表现。

- 第一种表现：不主动不专注。

孩子做作业的时候，不够专注，一会儿说橡皮不见了要找橡皮，一会儿说口渴了要喝水，一会儿又说想上厕所……做其他事情也被动消极，总是需要父母提醒或催促，好像只有父母在旁边盯着，孩子才可能会上心和认真对待，父母稍不留神，孩子就溜号。

- 第二种表现：做事拖拉磨蹭。

孩子做事情目标不强，效率不高。本来答应一回家就写作业，结果磨磨蹭蹭到很晚才开始；本来只要半小时就可以做好的作业，孩子"磨洋工"，花了 2 个小时才做完；暑假作业从第一天开始，拖拖拉拉，到最后几天还没做完……

- 第三种表现：没有计划性。

孩子缺乏计划性，每天想做什么随心所欲。特别是到寒暑假，晚睡晚起，上网、看电视、玩游戏，时不时要吃零食，不爱学习，生活没有计划和规律。

造成孩子缺乏时间管理的主要原因有 3 类：生理原因、行为原因和心理原因。

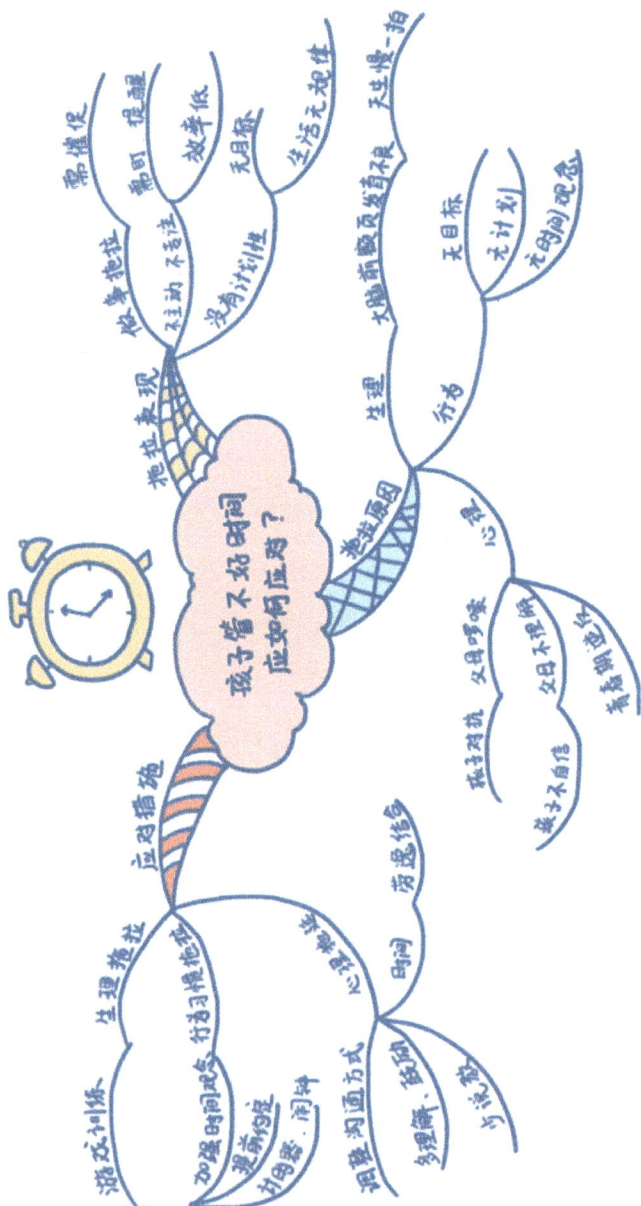

生理原因是指孩子的大脑天生发育不良，或者身体不适，从而造成拖拉磨蹭。

应对方法：对于天生慢一拍的孩子，需要医院提供专业的治疗和训练。在家，父母可以每次花 10 ~ 20 分钟时间，通过运动来提升孩子的身体协调性，平时多给孩子讲故事，问孩子问题，训练孩子的思维敏捷性。

行为原因是指父母没有训练孩子掌握较好的时间管理方法，孩子在行为上缺乏时间观念，缺少计划性，做事没有条理。

应对方法：如果孩子出现这样的拖拉行为，父母要花时间训练孩子的时间观念。前期要事先和孩子做好约定，制订孩子愿意执行的时间计划，并使用计时器监督孩子执行计划，同时训练孩子的专注力，让孩子能够高效地完成任务。

心理原因是指因为孩子的逆反心理，孩子会故意用拖拉、磨蹭的行为作为对抗父母的方式，逐步形成拖拉磨蹭的习惯。

应对方法：要想让孩子不把"拖拉磨蹭"当武器，父母需要理解不同年龄段孩子的生理和心理特点，找对克服孩子拖拉磨蹭的方法，和孩子一起制订劳逸结合的计划与安排，让他们逐渐学会合理安排时间。

另外，家长应少说教，多给孩子一些运动以及其他的娱乐陪伴时间，缓解孩子的学习压力。重视劳逸结合，孩子的心思才会放在学习上。给孩子信心和鼓励，他才会愿意执行学习计划。

为什么家长越催孩子越顶牛儿

我们来看几个很有代表性的个案。

牛牛妈妈说

牛牛特别喜欢做科学小实验。尽管我跟他约定了每天晚上做完作业以后是读书时间，但他经常会沉迷在已经基本完成的科学小实验里，不厌其烦地钻研。

时间到了，我便把约定好要读的《海底两万里》拿给他，说："20分钟的读书时间到了，读完书你可以休息一下。"

牛牛正在专注做自己的手工实验，就顺口回答了一句："等一会儿。"过了一会儿，我又催促起来："快点儿快点儿，该读书了。"

连续催促了好几次，牛牛依然没有结束实验。

我实在忍不住，开始发脾气了，大声说道："你每次都这样拖拉，说好的约定你总是坚持不下去，难道你自己就不能养成习惯吗？天天催你真烦人。"

牛牛不高兴了，把书一丢，坚决不肯看，连手头的实验都不想做了。

为什么妈妈眼里的牛牛不催不干、越催越顶牛儿呢？

轩轩爸爸说

轩轩喜欢玩乐高玩具，每天一放学，放下书包就要玩。

我一看这样不行，就跟他说："轩轩，你的语文预习还没完成，怎么就开始玩乐高呢？快点儿，马上去预习！"

轩轩说："我作业都做完了，语文预习也不是很重要，为啥每天都要预习，真烦人。"

我很生气，语文是重要学科，小时候不打好基础，长大了有他苦头吃，就吼他说："5分钟的预习就把你难倒了？我们约定的安排你必须做完！听见没有？"

没想到轩轩一下炸毛了，赌气说："为什么要听你的安排，我觉得不合理！你上个月说要带我去看乐高展，结果后来又说忙没时间，你怎么就不遵守约定？！"

说完，也不等我回话，这小子居然自己气冲冲地跑回房间，重重地关上了门。

为什么孩子总喜欢找理由不好好学习呢？

换个角度想一想，学习是从兴趣出发的，牛牛这么喜欢科学小实验，在不影响完成作业的前提下，妈妈为什么一定要打断他，要求他读书呢？

孩子身体里有一个学习节奏，在早期他们会不断重复做自己感兴趣的事情，比如把一首儿歌单曲循环一百遍，把同一集卡通片翻来覆去看一百遍，这是他们的大脑通过重复来一遍遍加深对世界的认知。如果孩子真的对某种事物很感兴趣，只要是健康的、不伤害身体的，家长可以给予孩子"沉迷"的时间和空间。

轩轩爸爸虽然和轩轩有约定，但是他不懂得计划应该和孩子一起制订，他没有告诉轩轩为什么要预习，也没有把决定"先做什么再做什么"的权力交给轩轩。这样的话，孩子怎么有积极性去执行呢？

计划不是家长的一言堂。孩子不是输入指令就可以执行的机器人。

家长越催孩子越不干，说明家长没有从孩子的角度出发，而是一味从自己的角度进行干预，这也是大部分父母烦恼的原因。

遇到孩子掉链子的情况，很多家长总是急于去纠正和改变，希望孩子一夜之间就能完全按照计划执行。一旦孩子做不到，家长就容易着急和情绪失控。

父母要找到正确的方法监督孩子，才能避免成为催促孩子的闹钟，让孩子养成自主学习的习惯，而不是被动地完成任务。

你是钟摆型父母还是闹钟型父母

几年前，我在英国剑桥大学访学期间，去过一个小镇。小镇上有一个教堂，教堂里有一个大摆钟，每天整点时，钟摆就会很有节奏地发出"当当当"的报时声。大家听到报时，就知道现在几点了，就会自觉地去做这个时间需要做的事情。

以前，我是一个很喜欢设置闹钟的人，有时要设置好几个闹钟才能起床，很多事情我都需要设置闹钟来提醒自己。在小镇上住了一段时间，我开始习惯按照钟摆的报时来安排我的每日作息，就把闹钟关掉了。

时间好像慢了下来，因为不再有闹钟追着我干这干那。

时间好像多了起来，我有了稳定的时间间隔提示，反而可以更好地安排任务。

有一天我突然"灵光一闪"，钟摆和闹钟，不就是两种常见的父母类型吗？

闹钟型父母追着孩子干这干那，往往同一件事情要催上三四次，鸡飞狗跳，闹声喧天。一听到父母开口，孩子就像听到闹钟响一样，只想把它按掉……

钟摆型父母划定劳逸结合的时间进度以后，给孩子提供稳定的时间预期，不多说，也不会少说。孩子一听到父母开口，就知道又到了什么时间点、该做什么事，如果不执行计划，属于自己的时间就会白白地流走。

建议父母做孩子的钟摆，不要做孩子的闹钟。

太多的家长习惯做闹钟型父母。闹钟型的父母一般比较强势，把孩子的所有时间都排满，而且因为不放心，一件事往往还要提醒个三四遍。

闹钟型的父母希望孩子跟着自己的计划来，对孩子的要求是服从和听话，容易忽略孩子的实际情况，把任务安排得太满，或者是难度太大、要求太高。就算孩子提出了自己的想法，父母的第一反应也基本是拒绝接受，没有灵活变通，会强制要求孩子听从自己的安排和决定。

钟摆型的父母是理想的父母，他们懂得孩子的人生是属于孩子自己的，父母只能提醒时间的流逝，却不能催促孩子。他们懂得接纳孩子的情绪，引导孩子认识时间管理的意义。

做好时间管理，家长要记住，孩子做计划不是为了让父母满意，不是机械完成"爸爸妈妈布置的人生"，而是能有更多时间做自己喜欢的事情，过上自己希望过的人生。

多做钟摆型父母，少做闹钟型父母

钟摆型父母会引导孩子做好计划，过程中做好监督和确认，像孩子的顾问，会尊重孩子的选择和决策。

闹钟型父母只重视结果，如果孩子达不到父母的要求，父母就容易焦虑以及不停地催促，像公司的领导，喜欢下达命令。

很多时候，家长的烦恼就是孩子不听话。

孩子不是机器人，不可能一个方法就立竿见影。如果孩子的逆反心理比较重，一时半会儿纠正不过来，家长不要着急，尝试用"选择"代替"命令"。

比如，在前面的案例里，牛牛如果在读书时间想做科学实验，建议牛牛妈妈可以让孩子选择：

"牛牛，妈妈理解你想玩科学小实验，但需要你做一下选择。如果你现在用了读书时间去做科学小实验，那就需要相应扣除本来的自主休闲时间。那么你选择读书还是做科学小实验呢？"

如果孩子选择做实验，就让孩子用计时器计时，看花费了多长时间。

如果不愿意扣除自主休闲时间，那就要求孩子按照计划表执行阅读安排。

一般来说，大部分孩子都会选择其中一种。但特殊情况下，个别孩子会说"我都要"，既想玩科学小实验，后面的休闲时间也要有。这时候，父母可以稍微严厉地坚持：

"牛牛，我理解你特别想玩科学小实验，但是，你只能占用休闲时间。"

如果孩子仍然不愿意，甚至闹情绪，家长千万不能失控——失控你就输了。

父母尽量温和地坚持，过程中可以严厉一些，但不要情绪失控和大发雷霆。如果孩子情绪激动，那就等孩子平静下来再进行沟通：

"今天约定的 25 分钟看电视时间已经超时了，根据我们的约定，如果你现在结束，周末还可以有 30 分钟看电视时间。如果不能做到，明天的 25 分钟就要减少了。"

孩子慢慢会知道约定好的事情一定要遵守，哭闹也没有用，好的时间管理习惯就会逐步养成。

值得注意的是，在这个过程中，父母千万不要说出伤害孩子人格的语言，伤人的话就像钉在心上的钉子，即使拔下来了，伤口也还在汩汩流血。

温和地坚持是为了让孩子知道，爸爸妈妈是爱他的。严厉但情绪不失控是为了让孩子知道，爸爸妈妈是讲道理的，时间管理是有原则的。

用这种方法训练孩子，一段时间以后，孩子就会按照约定的计划来执行。

在孩子的成长过程中，要多做钟摆型父母，少做闹钟型父母，特殊情况可以另当别论，比如遇到危险时、孩子生病时、重要考试时、外出活动时。因为时间紧，没有时间和孩子进行沟通，父母就可以使用闹钟型的方式，督促孩子尽快处理。等紧急事情结束以后，父母可以和孩子复盘这件事情，告知孩子未来遇到此类事情，如果有充分的时间，该如何更好地处理。

以身作则，与孩子共同参与时间管理

在家庭生活中，爸爸妈妈是孩子模仿的榜样，如果父母能够有规律地生活，能够遵守约定的时间，并且在生活中给孩子讲述守时的重要意义，那么父母的言语和行为就会潜移默化地影响孩子。

家庭生活中，父母不仅要告诉孩子怎么守时，还要用自己的行动做给孩子看。父母答应了孩子什么时间做什么事情，那么就要遵守这个约定。假如因为特殊情况无法实现，就要及时向孩子道歉，请求孩子的谅解。

有了时间观念，父母就可以和孩子一起制订每天的生活作息安排，让孩子知道在什么时间该做什么事情。

对于学龄前的孩子来说，父母和孩子制订的每日作息安排可以简单一点儿。比如一天的内容包括主要事项就可以了：早上起床、早餐、午餐、晚餐、学习、玩、睡觉等。

对于年龄较小的孩子来说，每日作息安排可以设计得有趣味性一些，比如运用画画、贴纸、思维导图等形式，孩子会更有兴趣。孩子进入小学三年级以后，父母就可以教孩子把每日计划设计成表格式，逐步丰富每日计划的内容。

17

小测试

你是钟摆型父母，还是闹钟型父母

对比自己的情况，是的打"√"，不是的打"×"。

1. 孩子的每日计划父母会和孩子一起沟通确定。（　　）

2. 父母会尊重孩子每日计划的想法，并给予合理建议。（　　）

3. 当孩子刚开始执行计划时，父母会给予时间的提醒，并逐步减少提醒的次数。（　　）

4. 孩子不遵守约定好的计划时，父母会指出孩子的问题，但不会情绪失控。（　　）

5. 当孩子哭闹时，父母不会生气地"以暴制暴"。（　　）

6. 当孩子遵守约定时，父母会经常夸奖孩子做得好的细节。（　　）

7. 当孩子有一些奇怪的想法时，父母不会说："你怎么满脑子乱七八糟的，别瞎想！"（　　）

8. 周末和孩子外出时，会征求孩子的建议。（　　）

9. 当孩子在学校被老师批评时，父母不会第一时间训斥孩子，会先问孩子原因。（　　）

10. 会提前和孩子沟通寒暑假的每日计划，并约定根据完成情况的分级奖励。（　　）

统计一下，10 道题里，你有几个"√"。如果超过 7个，那就说明你是钟摆型父母；如果超过 7 个是"X"，说明你是闹钟型父母。

小英老师在线

做钟摆型父母就不用催孩子吗

▲家长：做钟摆型父母就是不要催孩子吗？我的儿子9岁，上四年级，晚上很多事都需要我催，我应该完全放手吗？

■小英老师：孩子很多事情都需要你催，一般是因为他大脑里不清楚晚上有哪些安排，需要以什么顺序进行。做钟摆型父母，要学会和孩子做好约定，提前制订晚上的计划，包括每项任务和所需要的时长。

钟摆型父母会引导孩子将晚上的计划熟记于心，进而减少催促和焦虑。

在孩子做作业的过程中，钟摆型父母会尽量避免去打搅和催促孩子，但在重要的时间节点也会提醒孩子，和孩子确认完成的情况，看孩子是否需要提供帮助。

在极少数情况下，对于有些非常紧急的事情，父母可以运用闹钟型父母的方法催促孩子，比如，孩子再不抓紧时间，就要赶不上飞机了，等顺利上了飞机，安排好入座以后，父母要找合适的机会和孩子沟通，未来再遇到类似事情该如何解决，让孩子逐渐积累经验，避免父母不停地催促。

父母要多做钟摆型的，少做闹钟型的，特殊情况下另当别论。

1.2 针对不同性格的孩子用不同的训练方法

龙生九子，子子不同，因材施教是教育的根本。

🔵 为什么涵涵和果果做事效率大不同

涵涵妈妈觉得特别奇怪，明明都是自己的孩子，但俩娃的做事效率大不一样。大儿子涵涵是急性子，爱着急，做事风风火火、毛毛糙糙。小女儿果果啥事也不着急，做事情比哥哥认真多了，但也比哥哥慢多了。妈妈陪伴这两个孩子学习时，感到非常头疼。

每当妈妈问哥哥涵涵"作业写完了吗"，涵涵都会说："我早就写完了！"可是妈妈仔细一检查，涵涵虽然速度很快，但太粗心，会出现错别字、看错数、抄错数的情况。

当妈妈问妹妹果果的作业情况时，果果经常会说："我还没写完，还要一会儿。"果果的作业虽然错误很少，但写得太慢了，有时候涵涵都写完很久了，妹妹还没做完。

为此，妈妈很着急，不知该怎么调整这两个孩子的时间节奏。

两个孩子之所以在学习效率上有这么大的差异，在于性格有差异。

哥哥涵涵做事快，性子急，但是有点儿粗心。妹妹果果做事认真细致，追求完美，但速度相对比较慢。

孩子的性格有差异很正常。有的孩子天生具备领袖气质，做事情风风火火，有的孩子性格活泼，有的孩子内向温和，有的孩子认真严谨。在指导孩子进行时间管理时，父母如果能考虑孩子性格的差异性，从理解的角度与孩子沟通，孩子就会更容易接受。

不同性格类型的孩子，在时间管理方面有哪些区别？我们又该如何针对不同类型孩子的性格特点，去培养他们的时间管理能力呢？

根据孩子的性格特点，本书把孩子分为 4 种，分别是火箭型孩子、跑车型孩子、游船型孩子和工程车型孩子。事实上，每个孩子的身上都会有这 4 种性格特质，但大部分孩子某一个或某两个性格特质会特别突出。接下来我会详细介绍这 4 种性格孩子的特点以及父母和孩子沟通时的注意事项，尽量做到因材施教。

这 4 种性格的划分来源于孩子对于时间的感知度，用两个维度作为参考，一个维度是做事情的速度，另一个是孩子对时间的计划能力，根据这两个维度的 4 种特点，将孩子的性格类型划分为 4 种。

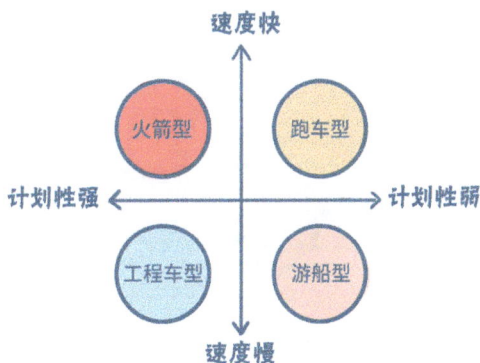

火箭型孩子：速度快+计划性强

火箭型孩子的性格特点如下。

- 做事情速度比较快，爱着急。缺乏耐心，容易粗心，不太喜欢检查。

- 比较有主见，喜欢按自己的方式做事。有些好强，喜欢赢和胜利。

- 说话直接，不易控制自己的情绪。

- 目标性和计划性比较强，想问题和做事速度比较快。

- 做自己制订的目标或者擅长的项目时，专注力强。

训练火箭型孩子时间管理能力需要注意以下事项。

制订计划：父母可以明确告诉孩子应该做什么，但不要急切地催促，否则容易引起孩子的逆反情绪。父母要多尊重孩子，可以多给孩子制订计划的选择权或者决策权，多让孩子自己决定做事情的时间。在比较宽松自由的环境里，孩子能比较愉快地制订计划。

督促方式：孩子在执行计划的过程中，父母可以教孩子有责任感，给予孩子更多的信任，可以对孩子说："你制订的这个计划，我相信你一定可以做到！"有时候，可以提醒孩子："你做作业的速度很快，建议你再花5分钟时间检查一下，提升准确率哦！"父母要尽量避免用强势、生硬的方式与孩子沟通，否则孩子容易产生对抗情绪。

涵涵是典型的火箭型孩子，做作业速度快，不太喜欢检查，涵涵妈妈首先要理解孩子这个性格特点，了解以后"对症下药"。

　　妈妈还可以告诉涵涵："涵涵，妈妈发现你做作业速度非常快，真的好棒！如果你能花 5～10 分钟时间检查作业，提高准确率，晚上你的自由活动时间可以增加 15 分钟，你觉得如何？"这样一来，涵涵就会更乐意把作业做得又快又好。

跑车型孩子：速度快＋计划性弱

　　跑车型孩子的性格特点如下。

- 爱表现，说得快，做得也快。

- 做事速度比较快，但思考问题不够周到，容易出错。

- 容易被外界的事情干扰，专注力弱。

- 计划性弱，不善于时间管理，容易忘事。

- 喜欢群体的生活和表现自己，属于"人来疯"。

　　训练跑车型孩子时间管理能力需要注意以下事项。

制订计划："跑车型孩子"的时间计划性不强，经常是"父母说一件事情，孩子做一件事情"。父母在训练孩子时，要引导孩子逐步学会制订计划，多强调重点任务以及完成任务的时间节点。同时，父母需要经常监督孩子的进展情况，并不断总结和强化，让孩子逐步养成认真制订计划和执行计划的好习惯。

督促方式：在孩子执行计划的过程中，父母要多提醒孩子事情的截止时间，比如，"这30道数学口算题，别忘了，你自己计划这周三之前完成哦！"另外，跑车型孩子喜欢被夸奖，父母要多发现孩子的进步和闪光点，可以这样对孩子说："今天你的作文写得又快又好！""这部分英语朗读，你的发音又标准又好听！"

另外，跑车型孩子的专注力是4种性格孩子里最弱的，父母在训练孩子的专注力时，单项任务所用的时间可以适当减少。比如完成每项作业的时间，可以从10分钟开始，逐步提升孩子的专注时间。

游船型孩子：速度慢＋计划性弱

游船型孩子的性格特点如下。

- 计划性比较弱，做事速度慢，考虑问题花费的时间比较长。

- 会听父母的话，是父母贴心的"小棉袄"。

- 爱犹豫，自信心不够，会顺从团体的意见。

- 有心事不擅长倾诉，学习时容易分心。

训练游船型孩子时间管理能力需要注意以下事项。

制订计划：父母要把希望孩子做到的事情告诉孩子，可以让孩子在记事本上记录下来。可以多指导和帮助孩子制订计划，给孩子一些好的建议，游船型孩子会比较乐于接受父母的建议。

督促方式：父母可以对孩子说，"如果你在执行计划的过程中需要帮助，可以告诉我，我会帮助你的。"还可以多鼓励孩子："妈妈理解你，在 30 分钟内写完作文有点儿难，你可以试试，看能否花 35 分钟完成？"

另外，游船型孩子的专注力也比较弱，在制订计划的时候不要布置太长时间的任务。可以按 15 ~ 20 分钟做一件事的节奏，训练孩子在指定时间内高效完成任务。游船型孩子相对比较缺乏自信，父母在和孩子沟通的过程中，要注意多鼓励孩子，提升孩子的自信心，进而提升孩子的速度。尤其是在训练的初期，家长需要控制自己的情绪，不能太着急。

工程车型孩子：速度慢＋计划性强

工程车型孩子的性格特点如下。

- 乐于遵守规定，做事速度比较慢。

- 专注力强，很认真，慢工出细活。

- 学习很有条理性和计划性，效率一般。

- 喜欢按照自己的顺序做事情，有自己的步调。

- 爱疑问，爱纠结，想问题比较负面。冷静、理性，追求完美。

训练工程车型孩子时间管理能力需要注意以下事项。

制订计划：工程车型孩子条理性比较强，在和孩子制订学习计划时，父母要告诉孩子计划里这些内容先后顺序的逻辑性，这样孩子更容易理解。工程车型孩子爱思考，专注力强，有时候会因为追求完美而忽略时间，父母要多提醒孩子时间节点。工程车型孩子特别适合准备一个记事本，把每天需要做的事情记录下来，再一一确认是否按时完成。

督促方式：这一类型的孩子对时间的敏感度会比较弱。不到最后不交卷，不想清楚不去做。有时候想太多，后面没时间做了。尤其是在考试中，容易因为一道题不会做，花很多时间，导致没时间做后面的题目。

父母要引导孩子学会取舍，抓重点。比如在考试中放弃分值比较低、不会做的题，对分值高的题目花更多的时间。

建议给孩子配一块手表，父母可以对孩子说："这次考试，你可以按照自己习惯的顺序去答题，如果遇到比较难的题，你看一下手表，5 分钟如果没有想出解答方法，最好就要做下一道哦。"

涵涵的妹妹果果就比较像工程车型孩子，她做事情很认真，但速度会慢一些。父母需要理解这一类型孩子的性格特点，一方面及时疏导孩子的负面情绪，另一方面多花时间训练孩子的时间观念，提升孩子的效率。

小测试

与孩子一起做有关做事效率的性格测试

测试说明：在每一题的 4 种行为倾向描述中，根据自己孩子符合描述的程度，在横线上分别填上 4 分、3 分、2 分、1 分。最符合的打 4 分，最不符合的打 1 分，每空必填。

测试年龄：6 岁以上的孩子。同时家长也可以给自己打分，看看自己是什么类型的性格。

A＿＿目标性强，想问题和做事速度比较快。	A ＿＿ 做自己擅长的事情时，专注力强。	A＿＿ 比较爱着急，容易情绪激动。
B＿＿速度也比较快，但不够周到，容易出错。	B ＿＿ 容易被外界的事情干扰，专注力弱。	B＿＿ 大部分的时间里热情而又乐观。
C＿＿爱犹豫，考虑问题花费的时间比较长。	C ＿＿ 容易有心事，学习时容易分心。	C＿＿ 逃避挑战，喜欢已有的和熟悉的事物。
D＿＿学习很有条理性和计划性，效率一般。	D ＿＿ 喜欢带着问题去思考，爱问为什么。	D＿＿ 爱提问题，彻底搞清楚后，才做决定。

A＿＿＿＿　性格急躁，会强行索要想要的东西。 B＿＿＿＿　做事没有条理、凌乱，还健忘。 C＿＿＿＿　表面上温和、忍耐，但内心却反响强烈。 D＿＿＿＿　喜欢墨守成规，惧怕挑战和改变。	A＿＿＿＿　争强好斗，喜欢冒险，乐于倡导。 B＿＿＿＿　喜欢置身人群中，很容易结交朋友。 C＿＿＿＿　和气友善，无攻击性，善于与他人合作。 D＿＿＿＿　在新环境中会比较小心翼翼。	A＿＿＿＿　喜欢单独做事，动作敏捷，性格独立。 B＿＿＿＿　情绪起伏大，有戏剧天分，善于表达情感。 C＿＿＿＿　安静又随和，反应慢，很温和。 D＿＿＿＿　重视个人界限，有时显得孤僻，不太合群。
A＿＿＿＿　任性又固执，想要什么就非得到不可。 B＿＿＿＿　活泼好动，玩耍起来就没有时间概念。 C＿＿＿＿　待人友善，随和乐观，温和友好。 D＿＿＿＿　躲避生人，适应新环境和生人较慢。	A＿＿＿＿　爱指挥别人，不轻易被他人带领。 B＿＿＿＿　喜欢参与活动，但是有时会半途而废。 C＿＿＿＿　容易屈服于压力，言行沉稳，说得少。 D＿＿＿＿　喜欢追问答案，并要求你认真准确地解释。	A＿＿＿＿　想说就说，想要就要，好胜心极强。 B＿＿＿＿　爱说话，喜欢自我夸耀，很在意别人做的事情。 C＿＿＿＿　不喜欢争执和正面冲突。 D＿＿＿＿　看待问题经常会有些悲观。

计算总分：A＿＿＿　B＿＿＿　C＿＿＿　D＿＿＿

A 代表：火箭型性格

B 代表：跑车型性格

C 代表：游船型性格

D 代表：工程车型性格

通过打分高低，观察孩子哪一种或者哪两种性格最突出。

小英老师在线

"嗖嗖"的火箭型家长遇到慢牛似的工程车型孩子，怎么办

▲家长：测试结果显示我是火箭型妈妈，做事情风风火火，而我家孩子是工程车型性格，做事情不紧不慢，经常把我急得够呛。我该如何帮助孩子提高做事效率？

■小英老师：火箭型妈妈做事麻利、速度快，特别不喜欢做事拖拉磨蹭的孩子，很容易着急上火，而且爱催促。而工程车型孩子爱思考，求完美，要想清楚了才会去行动，速度比较慢，面对这种搭配，我的建议如下。

第一：减少焦虑。

对于工程车型孩子的孩子，火箭型妈妈要理解他的速度会比一般的孩子慢一些，这是正常的。每个人都有自己的特点，他慢一些但是准确率高呀！关键是要找到合适的训练方法。

第二：发现优势。

工程车型孩子虽然速度慢，但也有自己的优势，他们的条理性和计划性会比较好，会容易接受制订每日计划的建议。火箭型妈妈要多挖掘工程车型孩子的优势，让孩子多参与制订每日计划，参与越多，孩子就会越配合。

第三：提升自信。

工程车型孩子自信心会弱一些，如果父母总是不满意地催促孩子，孩子更会觉得自己效率低。

火箭型妈妈在训练工程车型孩子时间管理能力的过程中，要多鼓励孩子，多发现工程车型孩子的闪光点，逐步增强孩子的自信心，孩子才会更有兴趣和动力去提高自己的时间管理能力。

1.3 孩子不是浪费了时间，而是用错了时间段

一年有二十四节气，一日有十二时辰，花开花落有时，潮平潮起有时，人体也有它的节律。

💬 学习时爱犯困的菲菲，总是拖拖拉拉

菲菲在妈妈的引导下制订了充实的计划。妈妈斗志十足地想，一寸光阴一寸金，只要菲菲能好好利用时间，一定可以跑在前面！

令人大跌眼镜的是，这些计划经常都只能实现一小部分。

菲菲妈妈很苦恼，向我咨询：

"我和孩子制订了计划，比如每日放学后的时间分配、周末的计划、暑假的安排，这都征得了孩子的同意呀，但是在执行的过程中经常会出现问题——不是她找借口不按时完成，就是上一个事项拖拖拉拉导致后面的没时间做了。这样浪费了大量时间，可怎么办？"

这种情况很常见，如果说给孩子制订计划是从 0 到 1 的突破，执行计划就是从 1 到 100 的考验。

我们成年人习惯了在契约时代遵守约定，比如骑共享单车，使用完要关锁计费；签订了劳动合同，每天无

论刮风下雨还是身体不适，你都会去上班。所以一旦孩子不配合，我们往往很难接受：

"这是你同意的，为什么现在又不愿意做呢？我们都约定好的，你怎么能放弃呢，说到做不到啊！"

于是就产生了各种责备和质问，进而升级到言语冲突，孩子往往会更加不配合，父母也无计可施。

有时候，菲菲会告诉妈妈："我也不知道为什么，有时候特别是下午学习，我觉得很困，心情不好，就不想做。"

原来是菲菲一到下午就犯困，没有办法集中精力学习。事实上，我们让孩子高效学习，并不是要把每一分每一秒都用于学习，而是把用于学习的每一分每一秒都用在刀刃上。

不是所有的时间都适合学习。除了我们经常使用的有形的"时钟"，我们人体还有一个无形的"时钟"，叫作"生物钟"。

菲菲妈妈就忽略了这个问题。

我们只有掌握了生物钟的规律，在该学习时学习，该休息时休息，才能劳逸结合，精神饱满。也许有的家长会认为"休息就是浪费时间"，其实休息是为了更好地出发，而休息远远不止躺下来睡觉一种方法——孩子的玩耍、体育锻炼也是休息。

有的孩子 9:00 ~ 11:00 精神注意力比较集中，12:00 以后脑部机能会下降，容易犯困，直到 15:00 左右才会慢慢恢复到正常的水平。如果偏偏安排早上去做一些玩耍类的活动，下午做一些记忆类的活动（如计算、作文、背诵），孩子可能都做不好。可以做一些调整，上午做记忆、计算类的，下午睡午觉、看书、画画，或者出去和小朋友玩。

一天有早晚，一年有四季，人的身体、大脑也有自己的周期，为了让孩子更好地学习，我们需要根据孩子自身的生物钟来分配孩子的时间。当然，不同孩子的生物钟不完全相同，所以不能生搬硬套其他孩子的时间计划表。

比如，很多孩子白天比较精神，到了下午和晚上容易犯困，但有少部分孩子却是晚上特别精神，一到上午就犯困。这是因为他们的生物钟有差异性。

经生物学家的研究，根据不同人的生物钟特点，可以将人（包括成人和孩子）大致分成两种类型：百灵鸟型和猫头鹰型。当然生物钟类型是可以改变和调整的，通过调整作息规律，猫头鹰型和百灵鸟型是可以相互转换的。

判断：孩子的生物钟是百灵鸟型还是猫头鹰型

（一）百灵鸟型

百灵鸟型的孩子比较适应早睡早起的状态，每到清晨时分便精神焕发、思维活跃、用脑效率最高，但到了下午状态会减退，晚上容易犯困。

对于3～6岁的孩子，如果大部分时候能在晚上8:30之前顺利入睡，白天状态比较好，说明是百灵鸟型。

对于6～12岁孩子，如果大部分时候能在晚上9:00之前顺利入睡，白天状态比较好，说明是百灵鸟型。

因为百灵鸟型孩子的生物钟规律比较适合学校的作息时间，早睡早起，因此父母要多向百灵鸟型方向培养孩子的作息习惯。

（二）猫头鹰型

猫头鹰型孩子比较适应晚睡晚起的状态。每到夜晚时，大脑会比较兴奋，反应快、才思敏捷，思维能力和判断能力能够发挥得淋漓尽致。但是到了早晨，就会状态不佳；直到过了中午，状态才开始恢复。

对于 3 ～ 6 岁的孩子，如果在晚上表现得比较兴奋，晚上 10:00 以后才睡得着，白天比较容易犯困，说明是猫头鹰型。

对于 6 ～ 12 岁的孩子，如果在晚上表现得比较兴奋，晚上 10:30 以后才睡得着，白天比较容易犯困，说明是猫头鹰型。

猫头鹰型的孩子没有百灵鸟型的孩子那么适应学校作息。如果父母需要的话，可以做一些调整，比如适当减少孩子的午休时间、白天做运动，都可以有效帮助孩子提前入睡，慢慢调整成百灵鸟型。

一天中什么时候是孩子最佳的学习时间呢？据生理

学家的研究，人的大脑在一天中有一定的活动规律，如下表所示。

生物钟时间	身体状态
06:00 ~ 08:00	疲劳消除，头脑清醒，体力充沛，记忆力最好，是学习的黄金时段
08:00 ~ 09:00	耐力最佳的时间
09:00 ~ 11:00	短期记忆比较好的时间
13:00 ~ 14:00	饭后，容易疲劳的阶段，应适当休息
14:00 ~ 17:00	经过短暂休息调整后，精神状态比较好，适合长期记忆
17:00 ~ 18:00	适合做复杂计算和有难度的作业
18:00 ~ 21:00	适合长期记忆，是进行研究和学习的最佳时段

这张表是大部分百灵鸟型人正常的生物钟和作息规律，在安排孩子学习的时候，父母可以参考这张表，同时摸准自己孩子学习的黄金时间，把较深、较难的学习任务放在黄金时间完成，有助于提高学习效果。

当孩子处于学习能力高峰期时，父母可以适当地增加孩子的任务量，让孩子复习有难度的功课；当处于低谷期时，可以适当地减少任务量，让孩子做一些简单的功课，多安排几次休息。

调整：根据孩子的生物钟调整作息

虽然上面给出了一般情况下的生物钟表，但每个个体的情况都会有所不同。有的人早上注意力集中，有的人下午注意力集中，有的人晚上注意力集中。要在实践孩子每日计划的过程中，摸索出孩子的规律。

孩子的生物钟会受到家庭习惯的影响，也和个人的生理和性格有关。比如有的孩子习惯早上读书，有的孩子习惯晚上读书；有的孩子睡午觉要 30 分钟，有的根本就不喜欢睡觉，听听音乐就能调节；也有的孩子习惯一次性把作业做完再全身心地玩耍，有的却喜欢写一会儿就要做点儿其他事情。

所以，当孩子不愿意执行某个计划的时候，先不要批评和说教，父母可以问一下，这件事情他喜欢什么时候做。在原则不变的情况下，与孩子沟通调整做事的顺序和时长。

总之，一方面我们要找到自己孩子的生物钟，给孩子制订的时间计划表要个性化。不同孩子的生物钟有差异，比如有的孩子中午就是睡不着，你可以教孩子如何利用这段时间，既不影响其他小朋友，也能让自己得到放松。

另一方面，人体生物钟是可以调整的，年龄越小调整起来越容易。我们要根据孩子学校的节奏，帮助孩子把作息时间尽量调整到和学校的安排一致。其中最重要的是要调整孩子的睡觉时间，让孩子养成早睡早起的好习惯。关于令父母困惑的孩子睡眠问题，您可以阅读《不

急不吼　轻松养出好孩子》的第 1 章 1.3 节 "健康的睡眠是美好生活的开始"。

克服：教孩子克服生物钟的困难

顺应自己的生物钟是上上策，但是不代表一困了就可以什么计划都不管了。

遇到孩子身体困乏、精力不足，又需要完成硬指标任务的时候，也有一些小技巧可以帮他们迅速恢复状态。

饮食调节：可以吃一个苹果或一包坚果。咀嚼可以活动口腔的肌肉，有助于集中注意力。现在市场上有每日坚果的搭配包装，一包里有几种不同类型的坚果，咀嚼起来有不同的口感，很受孩子的欢迎。

身体调节：站起来活动活动，配合背景音乐做一些拉伸的动作，不但能够放松肌肉、舒缓疲劳，还能愉悦心情。

心理调节：可以使用自我对话的方式，让孩子学会积极的自我暗示。比如：

"我以前习惯了睡 30 分钟午觉，但是今天只有 10 分钟，的确睡不够。"（理解自己状态不佳的原因）

"这是一次特殊情况，我可以克服一次困难，坚持一下就好了。"（鼓励自己）

"我相信自己可以做到的。"（相信自己）

父母可以把以上这些方法分享给孩子，让孩子学会善用生物钟，用理性的心态面对要完成的计划。

小测试 🖊

孩子目前的状态是百灵鸟型还是猫头鹰型

如果孩子大部分时间能够符合以下 4 ~ 5 个特点，说明孩子的生物钟是百灵鸟型。

（1）早上 6:30 起床以后精力充沛。

（2）上午学习时精力比较充沛。

（3）中午会感觉有一点儿困，但不会影响学习。

（4）晚上 9:00 以后爱犯困。

（5）晚上 9:00 入睡情况良好。

如果孩子大部分时间能够符合以下 4 ~ 5 个特点，说明孩子的生物钟是猫头鹰型。

（1）早上总是不愿意起床，还想多睡一会儿。

（2）上午学习时比较容易犯困。

（3）一到晚上就精力充沛，不犯困。

（4）比同龄孩子晚睡 1 ~ 2 小时。

（5）一到周末总喜欢睡懒觉。

1.4 感受时间：抓住孩子时间感培养的黄金期

习惯的养成就像播撒种子一样，越早播下，越早收获。

⊙ "3岁看大，7岁看老"藏着儿童时间管理训练的黄金期

中国有句古话"3岁看大，7岁看老"。古人很早就发现，3 ~ 7岁不仅是孩子性格、兴趣、智力发展非常重要的阶段，同时还是培养孩子时间管理习惯的黄金时期。

习惯的养成就像播撒种子一样，越早播下，越早收获。

孩子时间管理的训练越早越好。孩子进行时间管理有两个黄金期，第一个黄金期是3 ~ 6岁（幼儿园阶段），第二个黄金期是6 ~ 9岁（一至三年级）。如果抓住了这两个黄金期进行正确的培养，就会事半功倍。

时间感是指孩子对时间的感知，如果从3岁开始就有意识地进行训练，孩子就会有时间感。

小学一至三年级这个阶段的孩子开始系统地学习语数英等基础知识，父母如果能对孩子进行时间管理的重点训练，可以帮助他们提升计划力和专注力，对于学业的发展有很大的帮助。

对于孩子，可以根据年龄阶段做差异性的时间管理训练。

3 岁以下：让孩子感受白天和夜晚

很多时间概念，比如早晨、中午、晚上，昨天、今天、明天，周一、周三、周日……对于 3 岁前的宝宝而言太过抽象，父母可以在生活中让 0 ~ 2 岁的孩子先逐步感知白天和黑夜的区别，养成良好的作息习惯。

当天亮了，父母可以结合白天的特征和事情（起床、早餐、逛公园等），强化孩子对白天的认知。比如，可以这样对孩子说："宝贝，天亮了，太阳公公起床了，宝贝和太阳公公一起起床吧！""宝贝，天亮了，我们和太阳公公打个招呼吧！"

当天黑了，父母可以结合夜晚的特征和事情（黑、月亮、开灯、睡觉等），增强孩子对黑夜的认知。比如，可以这样对孩子说："宝贝，你看窗外天都黑了，看不见了，你来把灯打开好不好？""宝贝，天黑要睡觉了，你来把灯关了吧？""宝贝，睡觉吧，晚安！"接下来，可以和孩子一起或者让孩子来开关灯，加深孩子对天黑的感觉，逐步建立时间感。

3 ~ 6 岁：反复强调时间概念

瑞士儿童心理学家皮亚杰发现，对于 3 ~ 6 岁的孩子来说，因为直觉思维的干扰，"时间"对他们来说还是很抽象的，孩子觉得每一天都是一样的。

虽然有些时间名词对孩子来说很抽象，但父母可以在生活中通过反复强调，或者通过绘本、游戏以及使用道具来增强时间的画面感，加深孩子对时间概念的理解。以下是父母引导孩子认识时间概念、增强时间感的方法。

（一）图片

给孩子准备一些描述四季景色的图片，经常给孩子形容春夏秋冬四季的不同，并教孩子指认。例如像下面这样。

春天的图片：百花盛开，粉红的桃花，金黄色的迎春花，柳树换新芽。

夏天的图片：暑气蒸腾，知了在树上不停地叫"知了，知了"。

秋天的图片：一片金色的田野，茂盛的树上挂满了大大小小的水果。

冬天的图片：雪花飘呀飘，大地变成了银装素裹的冰雪世界。

可以告诉孩子："为什么会有一年四季呢？因为春天要播种，夏天是阳光和雨水最充沛的季节，秋天才能收获硕果，冬天寒冷时就可以快乐地过冬啦。"让孩子知道不同的季节其实都有各自的意义。

（二）日历

给孩子准备一个专门的日历，让孩子每天上幼儿园前撕掉昨天的那一页，并教孩子读出当天是几月几日、星期几。

根据每个月的天数，告诉孩子一个月的时间长度。比如在 3 月，当孩子撕掉了 31 页日历，3 月就结束了，说明 3 月有 31 天。

等孩子把一本代表 365 天的日历都撕掉，父母就可以告诉孩子："宝贝，恭喜你，你已经撕掉了 365 张日历，这就代表一年已经过去了！"通过撕日历，可以让孩子逐步理解日、月、年等时间概念。

（三）听天气预报

培养孩子每天听天气预报的习惯，因为天气预报不仅预报了天气，而且说明了当天是几月几日以及星期几，听天气预报可以增强孩子对日期的直观认识。

如果孩子对天气预报感兴趣，父母可以经常问孩子："宝贝，刚才你听了天气预报，你知道今天的天气是什么吗？""宝贝，你还记得昨天的天气吗？""宝贝，天气预报说明天的天气是怎样的？"让孩子潜移默化，对"昨天、今天、明天"3 个不同的时间概念有逐步的理解。

教孩子时间概念的方法有很多，需要父母在生活中反复强化和运用，帮助 3 ~ 6 岁的孩子理解抽象的时间概念，逐步建立时间感。

6 ~ 12 岁：强化孩子的时间感

6 ~ 12 岁的孩子对时间有了具象的理解和认知。父母在和孩子沟通事情时，可以教孩子把事情和时间联系在一起，孩子对时间会更有感觉。

比如，周末要去公园，父母可以和孩子说："现在是早上 8:00，我们开始吃早餐，一会儿 9:00 我们出发去公园划船吧。"还可以问孩子："你希望是 9:00 出发还是 9:10 出发？"让孩子逐步建立起时间和事情的联系。

父母还可以和孩子玩时间小游戏"猜猜现在几点啦"，比如和孩子一起出去时，我们和孩子都不看手机不看表，一起猜猜现在是几点几分，然后和孩子看谁猜的时间更接近实际时间，获胜的一方可以要求失败的一方表演节目。

父母经常和孩子玩猜时间的游戏，孩子觉得有趣，就能逐步建立对时间的感觉。

另外，随着孩子年龄的增长，父母可以适当提高一些难度，和孩子一起画时间轴，教孩子感知每个年龄段时间的意义。

通过画时间轴的方式，和孩子一起探索人的一生是怎么度过的：以人的一生平均可以活 80 岁来计算，3 岁要开始上幼儿园，6 岁读小学，12 岁上中学，18 岁上大学，22 岁大学毕业，然后才开始走入社会去工作，到 60 岁退休……

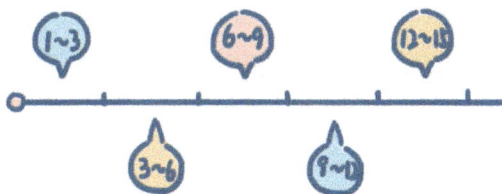

然后，可以让孩子思考一下自己目前处于哪个年龄阶段，在这个年龄阶段需要做哪些事情。

比如上幼儿园就要学会适应学校生活，和小朋友们一起玩，学会自己穿衣服。上小学了就要学习写字、算数，多读书，尽可能多地了解世界和科学知识，更好地认识大自然，学会和别人沟通，要有自己的梦想。初中之后呢，就要想我们长大了想要做什么，然后怎么好好学习，大学的时候才能选择喜欢的专业，以后才能实现梦想，找到自己最喜欢做的事情……

还可以和孩子分享爸爸妈妈、爷爷奶奶是怎么长大的，有哪些难忘的经历，这些都能激发孩子的好奇心，也能激发他们学习的兴趣，让他们知道每个人都要经历这些成长的阶段才可以实现自己的梦想。

除此之外，还可以和孩子一起上网搜索有关时间的名言和名人故事，比如中国有句名言"一寸光阴一寸金，寸金难买寸光阴"。还有，美国著名科学家富兰克林曾说过："你热爱生命吗？那么别浪费时间，因为时间是组成生命的材料。"

我们可以和孩子一起把这些名言写出来，配上图，贴在书桌前或者其他醒目的位置，让孩子可以经常看到，时刻提醒和激励自己要珍惜时间，做时间的朋友。

小练习

和孩子一起玩猜时间的游戏

父母可以经常和孩子玩猜时间的小游戏，培养孩子的时间感。比如，父母和孩子外出爬山的时候，可以问孩子："宝贝，你觉得现在是几点？妈妈和你猜一猜，看谁猜得最接近？"

或者说："宝贝，你和爸爸两个人猜一下现在的时间，看你们俩谁猜得最接近。"

或者出一道时间选择题："宝贝，我给你两个时间，一个是 11:45，另一个是 12:00，你觉得哪个时间是现在的时间？"

还有，父母可以和孩子分别数 30 秒来进行比赛，用秒表来测算，看谁数的时间最接近实际的 30 秒。

父母可以运用"哇！你猜对啦！""哈哈，你猜错啦！现在是 12:00！"或者"你数的 30 秒好准确呀！"这样的语言来营造游戏的氛围，孩子会更乐意参与这个猜时间的活动。

小英老师在线

孩子错过时间感黄金期的培养，该怎么办

▲家长：我家孩子小时候，我们不注重孩子时间观念的培养，现在孩子都上五年级了，我们才意识到要花时间培养，可是已经错过了黄金期，该怎么办？

■小英老师：如果孩子错过了两个时间管理能力训练的黄金期，到了小学四年级以后再进行培养，难度会逐年加大。这时候，父母可以根据以下 3 点来做一些调整。

1. 接受结果

如果父母确实是因为种种原因，在时间管理方面没有在黄金期对孩子进行及时的训练，父母要学会接受孩子时间管理能力暂时较弱的事实，承担这样的结果。

但父母千万不要气馁，因为时间管理是父母和孩子终身都要学习的能力。当我们意识到时间管理的重要性，就要和孩子做好沟通，告诉孩子："只要努力，就不会晚！"虽然进展会比在黄金期缓慢，但父母仍然要鼓励孩子坚持！

2. 学习实践

有的孩子虽然错过了时间管理训练的黄金期，但仍然可以运用书中介绍的 PCP 儿童时间管理模型进行训练，不断提高时间管理水平。

随着孩子年龄的增长，父母和孩子的沟通方式也要进行调整。亲子沟通和情绪管理做得好，孩子才会乐意按照父母的建议去行动。

3. 静待花开

有些孩子在小时候，无论父母怎么引导，对时间就是迟迟没有感觉。但长大以后，因为一些特殊的事情，孩子会逐渐意识到时间管理的重要性，还会进行自我教育并不断成长，通过持续行动和坚持，逐步变得高效起来。

所以父母也要给孩子一些时间自我成长，静待花开！

1.5 用好时间管理工具，训练孩子的时间感

只要我们能善用时间，就永远不愁时间不够用。

——歌德

⊖ 约定的时间到了，天天完全没有感觉

最让父母头疼的，可能是这样的场景——

天天是个有些"糊里糊涂"的孩子。每天几点钟该做什么，一定要爸爸妈妈反反复复地叮嘱他。

"天天，你把玩具收拾一下。妈妈在厨房里炒最后一道菜，再过 10 分钟，差不多 6:30 就可以吃晚餐了，听见了吗？"妈妈从厨房里探出头对天天喊道，厨房的油烟机抽风的声音有些吵。

"听见啦！"天天边玩陀螺，边大声回答妈妈。

十多分钟过去了，妈妈炒完菜，把菜端到客厅餐桌上的时候，却发现天天还在全神贯注地玩陀螺。

"天天，怎么回事？我刚才不是跟你说了，再过 10 分钟就要吃饭了吗？"天天妈妈有点儿生气。

"哦，我以为时间还没有到。"听到妈妈的责备，天天一边收拾玩具，一边委屈地说。

"我不是说 6:30 开始吃晚饭吗？你看看墙上的钟，

几点了？"妈妈的声音越来越大。

像天天这样缺乏时间观念的孩子还真不少。很多家长觉得很困惑：时间是最宝贵的财富，为什么孩子不能意识到这一点，经常会浪费时间呢？

一言以蔽之：没有时间感。

要想让孩子有时间感，父母可以借助一些时间管理的工具，在生活中对孩子进行训练，教孩子学会使用最基本的几个工具，包括时钟、闹钟、计时器、番茄时钟、沙漏等。

认识时钟：结合场景让孩子理解时间

从孩子 3 岁起，父母就可以有意识地教孩子认识时钟，可以把和时钟有关的实物或图片拿给孩子。比如落地钟、挂钟、电子钟、手表、怀表、电子表、手机时钟、番茄时钟、沙漏等。

- 父母可以经常告诉孩子时钟上的数字代表的意思。

- 教孩子认识短的是时针，长的是分针。让孩子拨动时针和分针，体会时针和分针转动时代表不同的时间区间。

- 可以告诉孩子一个具体的时间，引导孩子画出表示这个时间的时钟图。

在日常生活中，与孩子沟通事情时，父母要教孩子把时间和事情相结合。尤其是重要的事情，最好能记录一下时间节点，经常和孩子复习确认。

比如，以下是天天妈妈和天天每天上幼儿园时确定的几个重要的时间节点。

- 6:50– 起床

- 7:05– 吃早餐

- 7:30– 上学

- 17:00– 放学

- 18:30– 吃晚餐

- 19:00– 弹钢琴、写字、玩玩具

- 21:00– 睡觉

对于小学三年级以上的孩子，父母可以让孩子戴上手表，让他在平时的学习和生活中加深对时间的认识。

随着孩子自我意识的不断形成和完善，他们更乐于做自己感兴趣的事情，很可能因为玩得高兴而忘记时间。看动画片恨不得看上一天，做作业度日如年，这种情况该怎么办呢？

可以把"喜欢做的事情"和"应该做的事情"的时间绑定，如果"应该做的事情"拖拉了，就要占用"喜欢做的事情"时间。

比如，如果孩子周末起床拖延，就不能和父母一起去喜欢的公园玩，或者无法去参观喜欢的博物馆。让孩子感知没有时间观念的后果，孩子才会知道时间管理真的很重要。

定好闹钟：让孩子遵守时间约定

对牛牛的爸爸妈妈来说，每天喊牛牛起床上学简直就是一场"持久战"。无论是连哄带骗，还是批评训斥，牛牛就是赖着不愿意起床，经常早饭都来不及吃就去上学了，还经常迟到。

班里的同学给牛牛起了一个外号"迟到大王"，因为牛牛经常在学校上课铃声响起以后才匆匆跑进教室。牛牛告诉妈妈，老师今天又批评自己了。

"妈妈，我今天迟到，老师又批评我了。"

"牛牛，其实爸爸妈妈每天叫你起床好辛苦。我们都要反思一下，怎么能让你不再迟到。妈妈今天问了一下隔壁的壮壮，他的爸爸妈妈和他约定每天用闹钟叫早，如果执行得好，每个月有一个全勤奖，可以得到一份事先约定的礼物。他这个学期一次都没有迟到，你要不要试试？"

"太好了，有全勤奖礼物，我要用闹钟试试。"

"守时"是一个很重要的时间观念。教会孩子守时其实不仅仅是对时间观念的遵守，更是对社会规则的遵守，对自己的日常生活有规划和安排。

父母可以尝试让孩子体验不守时的后果。有些学校到点就关大门，迟到的人需要站在外面等待早餐/早操结束。家长觉得被锁在外面太丢人了，或者自己还要上班，耽误不起这个时间，每天就会催着赶着一脸无所谓的孩子。

针对这种情况，不妨找一天让孩子感受一下迟到的后果——被锁在门外、被老师批评，孩子才会意识到，原来不守时是有代价的呀！

　　建议父母和孩子提前做好约定，把闹钟放在孩子的床头，设置早上起床的时间。如果有需要可以设定两个时间，比如 6:40 和 6:50。

　　设定第一个闹钟的时间为 6:40，意思是可以起床了，设定第二个闹钟的时间是 6:50，意思是必须起床了，没有商量，否则要迟到了。可以给年龄小一点儿的孩子买一些好玩的闹钟，让孩子选择他喜欢的起床闹铃声，孩子会更乐意按时起床。

用活计时器：让孩子建立对时间的敏感度

　　计时器是一个简单、随手可见的工具，用好了可以帮助孩子建立时间感。

当孩子计划开始做一件事之前，父母可以和孩子约定所需要的时长。

佳佳想看动画片《欢乐好声音》。父母和佳佳约定看动画片的时间，可以说："这个动画片很好看，就是时间有点儿长。我们可以分几次看。你看是 25 分钟，还是 30 分钟？"

让孩子选择很重要，一般来说，孩子自己做的决定，执行起来会更配合。

使用计时器的具体步骤如下。

第一步：约定。

与孩子约定好以后，可以当着孩子的面打开计时器，或者邀请孩子打开计时器，开始计时。让孩子参与计时的过程，孩子会对时间更有感觉。

第二步：提醒。

计时过程中，父母可以提醒孩子 1 ~ 2 次，比如："还有 10 分钟""还有 5 分钟""时间到啦！"这样，孩子对时间的长短逐步会有感觉。随着孩子年龄的增长，提醒的次数逐渐减少。除了提醒孩子，过程中尽量不要打搅孩子，比如一会儿给孩子送水果，一会儿让孩子喝水，一会儿问孩子话，等等，否则容易影响孩子注意力的培养，父母要特别注意。

第三步：结束。

约定的时间到了以后，有的孩子会比较配合，就不再看动画片了，父母可以这样对孩子进行鼓励："你能说到做到，真是一个遵守诺言的好孩子。"

有时候孩子会不遵守约定，甚至哭闹，对此父母要温和地坚持，可以严厉，但不要情绪失控地训斥孩子。父母要让孩子明白，已经约定好和答应过的事情就一定要说到做到。孩子逐步了解父母的原则，就会慢慢适应，这需要父母做好情绪管理，有耐心并坚持。

番茄时钟法：劳逸结合培养专注力

每天晚上 7:00 ~ 9:00，是读小学四年级的牛牛同学写作业的时间，也是牛牛妈妈一天中火气最大、心情最不好的时段。

她看到朋友圈刷屏的一则"奇葩"热点新闻，说有一位爸爸因为陪孩子做作业，气得住院了。这位爸爸发朋友圈这样说道："陪儿子写作业到五年级，然后心梗住院了，做了两个支架。想来想去命重要，作业什么的就顺其自然吧！"

牛牛妈妈看了这位爸爸的话以后，不但不觉得这则新闻"奇葩"，反而觉得同病相怜、心有戚戚焉。

无奈之下，牛牛妈妈向我咨询："为什么我们家牛牛的时间管理能力这么差呢？我和牛牛爸爸都是企业高管，算是时间管理能力还不错的人了，为什么孩子的时间管理却这么糟糕呢？"

我告诉她，时间管理不是天生就会的，父母必须做有意识的引导和训练，孩子才可能掌握。像《奇特的一生》的作者柳比歇夫，用一生践行了一种时间管理方法。

我们对孩子的时间管理训练越早越好，因为孩子会受益终身。但是也不可以操之过急，必须找到问题背后的原因。

牛牛的问题在于，晚上做作业，妈妈让他从晚上 7:00 做到 9:00，中间没有约定休息时间。孩子的注意力时间有限，所以牛牛就会偷偷地做做这、玩玩那。

我提供给牛牛妈妈的解决方法中，最关键的就是教孩子学会使用计时器。我向牛牛妈特别推荐了"番茄时钟"。

牛牛妈妈惊讶地说："番茄时钟是职场人士督促自己提高时间单元效率的好工具，我自己也常用，可我没想过可以用在孩子身上！"

其实，无论是成年人还是孩子，使用番茄时钟都可以对时间长度建立明确的感知，可以有效克服 3 种常见的惰性心态：

"还有两小时呢，我先玩玩别的。"

"累死了，不知道什么时候可以休息。"

"提前做完作业，妈妈反而会给我布置更多的任务，还不如做慢一点儿。"

自从牛牛妈妈使用番茄时钟辅助孩子完成作业，牛牛做作业拖拉磨蹭的难题逐步得到了解决，牛牛的学习习惯有了很大的改进。牛牛妈妈终于舒了一口气，露出了久违的笑容。

番茄时钟是一个风靡全球的计时工具，它不仅可以运用在工作中，还可以运用在孩子的学习过程中。具体做法如下。

第一步：设置时长（设置番茄时钟的长短）。

每天当孩子开始做家庭作业或在家学习的时候，与孩子约定专注学习的时间长度。这个时间长度，我们称之为"番茄时钟"。

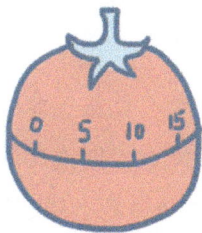

这个时间长度可以是 10 分钟、15 分钟、25 分钟等。一开始如果你觉得孩子的学习注意力较差，可以设定一个较小的目标，比如 10 分钟。随着孩子学习专注能力的加强，可以调整"番茄时钟"的长度，一般不超过 25 分钟。

与孩子约定需要完成的一项具体的学习任务，比如做某一项家庭作业，看某段文字，做其一单元习题，等等，完成了就叫作"吃掉一个番茄"。

每个"番茄时钟"结束以后，进行一个短休息，约5分钟。每3～4个番茄时钟结束以后，进行一个长休息，时长30～60分钟。

牛牛妈妈问："在运用'番茄时钟'的过程中，孩子有的任务不需要25分钟怎么办？有的任务超过25分钟怎么办？"

建议父母和孩子在沟通做计划时，让孩子把大任务分解，把小任务合并。比如某项作业需要35分钟做完，我们和孩子找到25分钟大概能做完的部分，进行任务的分解，再把一些小项目合并。

如果有一些任务孩子在25分钟时间内提前完成，父母可以提前建议孩子把剩余的时间用于作业的检查、课程的复习或预习，等等。

在实际运用的时候，如果不想做合并或分解，还可以根据孩子的年龄，对学习时间和休息时间做一些长短微调。但是学习的时间尽量不要超过25分钟，休息时间一定要足够（具体原因下面会讲到）。

第二步：开始计时（孩子自己开始计时和执行学习任务）。

父母要告诉孩子，在"番茄时钟"周期的计时期内，要保持专注，不做其他任何事情。过程中，父母也要切记不要打搅孩子，要培养孩子的专注力。

约定好了，就让孩子旋转番茄时钟到约定的时间点，开始计时。这个动作必须由孩子来进行，这样他才能感觉到自己是时间的主人。

有时父母太急切了，不容分说为孩子决定："你的番茄时钟是 40 分钟！现在开始计时！"这样强行为孩子制订计划，反而会产生相反的效果。

一个人只有对自己的时间有主人翁的感觉，才会觉得自己不能浪费"自己的时间"。

在"番茄时钟"里，家长要控制自己掌控的欲望，不要开合房门、不要去给孩子倒水、不要削个苹果给他，甚至不要跟他说话，因为这些都是干扰行为。

培养专注力是一个漫长的过程，小学阶段，父母一定要在家里为孩子创造"无干扰环境"。到了中学，孩子的专注力基本成形，才可以去训练如何在有干扰的环境下集中注意力。

第三步：劳逸结合（完成一个番茄时钟后一定要休息）。

如果孩子能成功地在限定的时间（如 25 分钟）内一直专注于学习任务的话，说明孩子成功干掉了这个"番茄时钟"！可以告诉孩子，他今天"吃掉了一个番茄"，并记录在家里显眼的地方。

接下来，可以休息 5 ~ 10 分钟，放松一下。

休息是非常非常重要的，千万不能一个"番茄时钟"

65

结束，马上开始下一个"番茄时钟"。

25 分钟的设计就是为了减轻人的畏难心——30 分钟就是半小时了，25 分钟还不到半小时，心理上觉得比较容易达到。

5 ~ 10 分钟的小休息就像一颗糖，给予孩子即时的成就感，这样才有可能"多吃几个番茄"。

以下是牛牛在使用"番茄时钟"前后做的作业安排。从使用计时器以后的安排来看，新的每晚安排更加注重劳逸结合。

使用"番茄时钟"前		使用"番茄时钟"计时器后	
19:00 ~ 21:00	语数英作业以及小提琴练习；没有规划，随意性强	19:00 ~ 19:25	作业（语／数／英）
		19:25 ~ 19:35	休息
		19:35 ~ 20:00	小提琴练习
		20:00 ~ 20:05	休息
		20:05 ~ 20:30	作业（语／数／英）
		20:30 ~ 21:00	自主时间
		21:00	洗漱＋睡觉

第四步：持续训练（分心了就中断"番茄时钟"，成功了就"吃掉番茄"）。

一开始的时候，孩子肯定会因为分心或其他事务而中断学习任务，比如突然摆弄了一下玩具或开小差，这不要紧，不必责备孩子。

一定要记住，时间管理不是天生就会的，无数成年人用数年时间才训练成熟,孩子中途有反复和放弃太正常了。

"番茄时钟"的游戏规则是,如果中途分心了,就代表这个"番茄时钟"无效。孩子可能不愿意、耍赖皮,家长要扮演好教练的角色,立即中止这个"番茄时钟"计时。然后,等孩子准备好了、重新开始计时,重新开始一个"番茄时钟"的努力。

每天让孩子看一看自己完成了多少个"番茄时钟",他就可以非常清晰地知道自己的时间利用效率,也会很有成就感——"我今天'吃掉了5个番茄',比昨天多了1个!"

为什么孩子都喜欢电子游戏?因为有即时反馈,输了马上可以开始下一盘,赢了马上有即时反馈。"番茄时钟"就是利用这个原理,分心了可以马上挑战下一盘,坚持住了马上有奖励。

沙漏:让时间流逝有画面感

"和孩子说好只看30分钟的电视,可往往半小时过去了,孩子仍舍不得离开电视。"生活中不少家长都遇到过类似的问题,孩子的言而无信常让家长头疼不已。

很多家长在生活中都喜欢约束孩子的各项活动时间,想让孩子养成良好的习惯,如刷牙要够3分钟,看动画片控制在半小时,玩游戏只玩10分钟等。

但事实上,很多3~6岁的孩子时间概念比较模糊,

67

不明白父母口中的"3 分钟""10 分钟""半小时"是多久，所以家长的要求很难得到孩子的配合。

父母可以用沙漏这个工具来训练孩子的时间感。

沙漏也是计时器的一种，比较适合 3 ~ 7 岁的孩子使用。沙漏一般分为 3 分钟、5 分钟、15 分钟和 30 分钟 4 种计时方式。

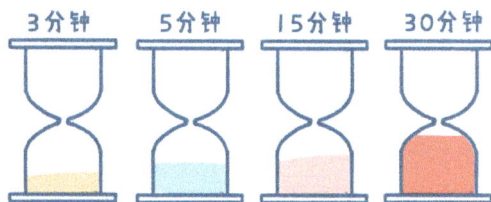

父母可以用计时沙漏提前和孩子约定时间，告诉孩子："当沙漏里的沙子漏完了，我们约定的 20 分钟玩游戏的时间就结束了。"比起具体的时间数字，用沙漏表示时间的长短，对小一点儿的孩子来说更直观，更容易理解，更有画面感，能培养孩子对时间的感觉。

壮壮妈妈从孩子 3 岁起，就经常用 3 分钟沙漏来和壮壮约定刷牙的时间。她说："壮壮对沙漏非常感兴趣，他在刷牙时我们会使用沙漏。每次 3 分钟的沙漏结束，他才会停止刷牙，去漱口。"

现在，壮壮上了小学，在做作业、看书、玩玩具、看电视时，妈妈会经常使用沙漏和孩子约定时间，效果很不错。

小练习

教孩子认识和使用时间管理工具

根据孩子的年龄，父母选择适合孩子的时间管理工具，包括时钟、闹钟、计时器、番茄时钟、沙漏等，在家可以多教孩子认识和使用这些工具。

计划力: 儿童时间
管理训练的基础

PCP 儿童时间管理模型中的第一个"P"代表"计划力","计划力"是父母培养孩子时间管理能力的基础，也是 PCP 儿童时间管理训练法的第一个步骤。

大部分学霸孩子都会制订每天的计划，父母要学会从小引导孩子做好计划，包括制订目标、制订上学期间的每日计划、周末计划、寒暑假计划等，并监督孩子将计划很好地执行。父母可以根据本章介绍的方法，对孩子进行制订和执行计划的引导，这对于孩子未来的学习成长和人生规划有重要的价值和意义。

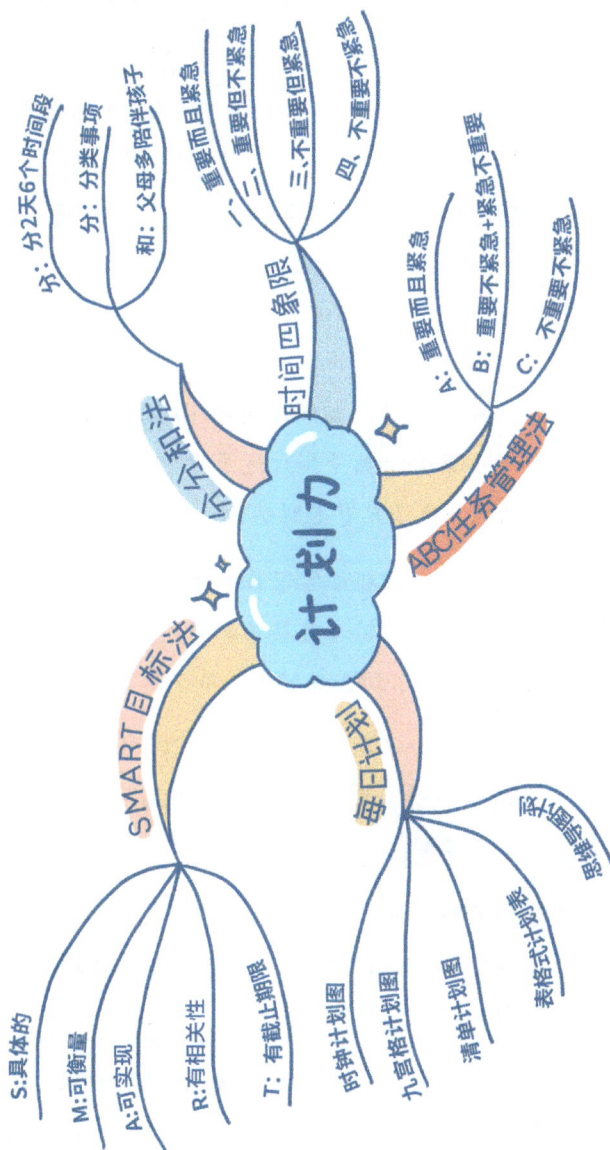

计划力

分类和法
- 分：分2天6个时间段
- 分：分类事项
- 和：父母多陪伴孩子

时间四象限
- 一、重要而且紧急
- 二、重要但不紧急
- 三、不重要但紧急
- 四、不重要不紧急

ABC任务管理法
- A：重要而且紧急
- B：重要不紧急+紧急不重要
- C：不重要不紧急

SMART目标法
- S：具体的
- M：可衡量
- A：可实现
- R：有相关性
- T：有截止期限

每日计划
- 时钟计划图
- 九宫格计划图
- 清单计划图
- 表格式计划表
- 思维导图

73

2.1　为什么要教孩子制订计划

凡事预则立，不预则废。做事没有计划、没有条理的人，无论从事哪一行的工作都不可能取得好成绩。

😊 竟然只有 30% 的孩子有制订计划的习惯

在武汉举办《不急不吼　轻松养出好孩子》新书签售会时，我给家长分享的主题是"如何制订孩子的暑期计划"。讲座一开始，我问现场的 100 多位家长："咱们现场有多少家长给孩子制订过暑期计划？请举手示意一下。"结果，现场只有不到一半的家长举手。

我继续问："在制订学习计划的过程中，父母和孩子一起制订的（不是父母直接为孩子制订的）家长请举手。"结果，只有不到 20% 的家长举手。

在这几年讲授"儿童时间管理"课程的过程中，我进行了大概的统计，竟然只有 30% 的家长会教孩子养成制订计划的习惯。

我曾对清华、北大、人大、贸大、北师大等名校在读或者毕业的学生做过访谈，发现大部分名校的学霸型孩子，都有制订学习计划的好习惯。

培养孩子的计划力是 PCP 儿童时间管理模型的"底部"，是孩子做好时间管理的基础。从计划力开始，可以有效为孩子的时间管理打好基础。

制订计划是时间管理的基础

教孩子学会制订计划很重要，如果父母能引导孩子从小养成制订计划的好习惯，长大以后，孩子就懂得如何制订学习计划、工作计划、旅游计划、人生计划，能够受用终身。

人不是一开始就能控制自己的状态的。教孩子制订计划是非常有效的帮助孩子快速进入学习状态（和生活状态）的办法。

教孩子制订计划的优势有很多，比如以下这些。

- 制订劳逸结合的计划，可以让孩子提前了解学习和自由活动的时间分配，更有时间感、目标感和动力。

- 孩子能从计划了解自己学习的进度，对自己的学习情况心中有数。

- 孩子学会判断轻重缓急，清楚地知道哪些事情应该马上做，哪些事情可以放到后头。

- 计划能对学习目标进行分解，有效减轻孩子的学习压力。

- 可以让孩子更加专注，减少浪费的时间，提高时间的使用效率。

- 计划的顺利推进，让孩子充满成就感。

制订计划的四原则

（一）根据孩子的年龄制订

对于 6 岁以下的低龄孩子，制订的计划可以简单一些，形式可以有趣一些，以玩为主，引导孩子在玩中学。

对于上了小学的孩子，学习的部分会增多，父母在制订计划时，要给孩子足够的自主休闲安排时间，引导孩子在学中玩。

（二）和孩子一起制订计划

对于 6 岁以下的低龄孩子，父母的建议占主导，建议可以用比较有趣的方式和孩子进行沟通和确认。6 岁以上的孩子，父母可以逐步给孩子决策权和选择权，培养孩子制订计划的能力。

和孩子制订计划以后，"这是你制订的计划，你一定要完成！"或是"这是你制订的计划，妈妈相信你一定能完成！"哪种沟通方式会更好一些呢？

受北京西城区什刹海街道团委邀请，我曾在团委举办的读书会举办《不急不吼 轻松养出好孩子》讲座，现场有 60 多位家长和 40 多位孩子。当我用这个问题问现场的读者们，有一位 7 岁的男孩特别积极地举手，我邀请他来到台前，告诉大家他的答案，他说："我选第二种。"我问："为什么你会选'这是你制订的计划，妈妈相信你一定能完成！'呢？"这位男孩子说："因为这句话让我感受到妈妈对我的信任！"

这位男孩的回答让我和现场的观众非常感动，孩子是很敏感的，当父母很信任孩子时，会给孩子赋能，孩子会愿意接受父母的建议，制订和执行计划。

（三）计划要符合孩子的喜好

父母可以根据孩子的喜好，设计孩子喜欢的每日计划形式。对于 6 岁以下低龄孩子，每日计划可以设计成绘画、贴纸的形式，增加趣味性。

对于上了小学的孩子，计划以表格和文字为主，容纳的内容会更多。每日计划的设计形式可以参考本章 2.3 节的内容。

很多父母都希望给孩子制订充实的学习计划，并要求孩子严格执行，但对于刚刚开始训练的孩子来说还是比较难的。

建议父母在刚开始给予孩子进步空间，比如完成 70% 的计划就是胜利，这样很多孩子的压力会减少，也会乐意去执行。关于如何做好计划的执行，会在本章最后两节进行详细的介绍。

（四）循序渐进，由简入难

如果一开始制订的计划超出孩子的能力，时间安排得太紧，会打消孩子的自信心和执行意愿，所以需要循序渐进，由简入难。父母可以和孩子一起沟通，让孩子在黄金时间段去做难度比较大的事情，先安排他最喜欢的学科，然后再安排他没有那么喜欢的任务。要让孩子在执行的过程中能经常获得成就感。

比如孩子最喜欢英语，那就先安排阅读 20 分钟的英语书。孩子用自己热爱的活动热身了，更会主动执行接下来的计划。除此之外，增加一些具体的奖励，比如坚持一天计划就可以获得 30 分钟的自由休闲时间，坚持一周计划就可以在周末外出看一场电影，孩子就会觉得执行这个计划很值得。

制作时间计划表时，我们习惯性地会列一个长长的单子，因为我们企图用列清单的快感来代替完成清单的快感，觉得把清单列出来了，父母的责任就完成一大半了。

一个 99 项无法完成的清单，不如一个 3 项都能完成的清单。

事情越多，孩子对做这些事情越是发怵，不如把计划精炼一下，选出必须要做的做好，如果完成了，再选做其他的，让孩子完成自己列的单子时很有成就感。

对于上小学的孩子来说，激发孩子做计划的动力，要从孩子的兴趣做起。刚开始以月为单位，标注孩子需要重视的大事件，比如参观科技馆、去动物园、参加夏令营、上兴趣班、旅游或是买玩具、吃大餐等活动，提高孩子的积极性。家长承诺的奖励一定要做到，家长约定的惩罚也一定要做到，这样孩子才会真正重视。

关于父母如何教孩子制订科学的计划以及顺利执行计划，接下来本章会做详细的介绍。

2.2 计划前明确目标，告别被动学习

要达成伟大的成就，最重要的秘诀在于确定你的目标，然后开始干，采取行动，朝着目标前进。

——博恩·崔西

有目标感的孩子，自我时间管理的动力更强

大部分父母都对孩子的成长有明确的目标，但孩子没有。

大部分孩子觉得自己是在为父母而学习，但父母不知道。

如果孩子对学习成长没有目标，就不会觉得学习是自己的事情，父母制订再科学严谨的计划表，也抵不住孩子的“非暴力不合作”，到最后还是草草敷衍了事。

世界青少年发展和品格教育杰出学者、美国斯坦福大学教育研究所教授威廉·戴蒙通过长期、大规模的研

究，发现孩子最缺乏的是对目的主动认知。这里的"目的"指的就是"长远的目标"。

有长远目标的孩子，会焕发出自主学习的活力，会对世界充满好奇心，会做出许多超越你想象力的创新和成绩。

怎样让孩子有长远目标呢？比如，当孩子问你为什么学习时，不要跟他们"说"你的想法，而是要"问问题"，让孩子自己去找答案。比如以下这 3 个问题。

——你对什么最有兴趣？

——你最擅长什么？

——你最想成为什么样的人？

父母可以经常问这 3 个问题，孩子越早开始关注和觉察自己的兴趣、优势、梦想，越容易产生学习的目标感。

有的父母很爱说"你要好好学习才能考上好大学"，但是孩子根本没概念，无法想象大学是怎样的，"大学"是一个遥远的、属于父母的目标，还没成为孩子的目标。

有机会，父母可以带孩子去参观国内外知名大学的校园。很多大学校园非常漂亮，里面有宽敞明亮的教室，有汗牛充栋的图书馆，有朝气蓬勃的大学生，有知识渊博的教授。这一走，"大学"这个目标一下子鲜活具象起来，在孩子心中埋下了一颗美丽的种子。

树立长远目标时，父母还可以多找一些各行各业的箴言，这些箴言大多充满了真理和勇敢的力量，会像一声惊雷，叫醒孩子心中的种子。

还可以让孩子说出他的梦想，比如：

"长大后我想当一名作曲家，写出优美的旋律，让大家和我一起歌唱。"

"长大了，我想当一名足球运动员，成为国际球星！"

"有一天，我当了医生，就可以让爷爷不再坐轮椅了，爷爷可以陪我去我想去的地方啦！"

好的学习目标是怎样的

一个合理的目标应该定位在稍高于孩子现有的水平，只要孩子通过一定的努力就能够实现。

在追求目标的过程中，孩子更易获得成就感，从而提高学习积极性，提升自信心，进入热爱学习、快乐学习的良性循环。

考高分、获奖、获得奖励等，都是短期的目标，是很好的短跑脉冲刺激。但是如果没有长期目标，孩子难以保持对学习的热情和动力。长期的学习目标是：孩子全心投入他们想学的内容。比如："我真的很喜欢编程，我学习不是因为妈妈叫我学，而是因为我自己想学。"

每个孩子的性格不同，生活的环境不一样，学习目标会有差异。但对自己定下的目标要负责任、做事情要有始有终，这是对所有孩子所有目标的共性要求。

轩轩从5岁起开始学拉小提琴，爸爸每周日下午负责送轩轩去少年宫上小提琴课。最初，爸爸妈妈的想法是培养孩子的兴趣爱好，没有想过让孩子考级。

学了两年多小提琴以后，小提琴老师把对轩轩的观察告诉了轩轩爸爸。

"我发现轩轩学小提琴悟性比较高，可以重点培养一下，建议今年暑假让孩子考小提琴三级试试，孩子有阶段性的进步，会更容易坚持。"

"好的，谢谢老师，我们回去和轩轩商量一下。"

从少年宫学琴后回到家，晚餐后，爸爸和轩轩开始商量小提琴考级的事情，想征求轩轩的意见。

"轩轩，老师夸你小提琴拉得不错，为了体现你的阶段性成果，建议你暑假去考小提琴三级，你有没有兴趣和信心？"

"爸爸，考小提琴三级难吗？"

"老师说，你对小提琴有天赋，学得快，再加上勤奋的练习，应该问题不大。如果你愿意的话，咱们把考三级的目标定一下，然后按目标制订计划，一步一步踏踏实实地完成。"

好的目标，是可以实现的、可以分解的。制订了目标，接下来就要分解落地到计划上。

用 SMART 分解目标为学习计划

著名演讲家、企业家、教育家博恩·崔西曾说过："要达成伟大的成就，最重要的秘诀在于确定你的目标，然后开始干，采取行动，朝着目标前进。"

光有灯塔不行，你还要找到航线。具体怎么做呢？接下来和你分享一个工具，叫作 SMART 原则，也就是制订目标的 5 个原则。

- Specific：目标必须是具体的。

- Measurable：目标是可以衡量的。

- Attainable：短期内是可以达到的。

- Relevant：与其他目标具有一定的相关性。

- Time-bound：有截止期限。

（一）确定具体的目标

曹操有一次带兵赶路，队伍在烈日下行军，又渴又累，疲态毕现。曹操跟大家说："前有大梅林，饶子，甘酸可以解渴。"（意思是：前面有一大片梅林，我们绕过这个山丘就可以吃上了，梅子又甜又酸，可以解渴。）士卒一听，精神为之一振，口水都流出来了，马上加紧步伐前进，后来胜利地到达了目的地。

可见，具体的目标能够调动人对目标实现的愉悦，具体的目标远远比模糊的目标更具有鼓动人心的力量。

佳佳上学期期末数学只考了 80 分，佳佳很难过，希望提升自己的数学成绩。爸爸问佳佳，这学期的目标是希望数学提高到多少分。刚开始，佳佳心气很高，希望考满分，第一次说目标是 100 分。爸爸建议佳佳再想想，有没有更合适的目标。后来佳佳说："上学期我考 80 分，这学期要不试试考 90 分以上，是不是更有希望呢？"佳佳觉得这个目标自己更有信心达到。

因此，爸爸和佳佳约定的具体目标就是：本学期期末考试，数学成绩提高到 90 分以上。这就是一个具体的目标。

（二）制订的目标要可衡量

指的是在达到目标的过程中，可以分时间段，进行目标分解，减小压力，有阶段性地实现目标。

比如佳佳的数学成绩要从 80 分提高到 90 分以上，就需要和孩子沟通，制订计划，比如之前丢分比较多的是算术题，那么以后每天要做 30 分钟的数学题，包括口算题和考试模拟题，以及增加 20 分钟数学的复习和预习。

父母可以告诉孩子提高成绩的具体方法，并帮助孩子坚持。

（三）制订的目标是可实现的

我们和孩子制订的目标一定是可以实现的，这样孩子才会有信心和动力。比如对于佳佳来说，这次数学考 80 分，是因为粗心大意。小学的数学并不难，只要这个学期佳佳能按照和爸爸约定的方法，再多花一些时间在复习和试卷检查上，数学从 80 分提升到 90 分不成问题，所以佳佳容易对这个目标充满信心。

（四）有相关性

佳佳一直很希望拿一次班级的"进步学生奖"，如果自己的数学成绩提升到 90 分以上，就很有希望能拿到这个奖。

（五）有截止期限

有时间限制，才有紧迫感和尺度感。比如佳佳制订数学成绩提升目标时，距离期末考试还有 3 个多月的时间，佳佳还在书房的书桌前写下自己的期末数学考试目标，是"力争数学期末考试高于 90 分"。

爸爸引导佳佳制订了学习目标，再加上佳佳的坚持和努力，佳佳的数学期末考试成绩是 95 分，最终实现了本学期制订的目标。

运用 SMART 的前后对比

经过爸爸的指导，佳佳和爸爸运用 SMART 原则前后制订的目标对比如下。

事项	量化方法	不明确的想法（before）	优化后的想法（after）
佳佳上学期期末数学成绩只有 80 分，爸爸妈妈和她希望这学期的数学成绩能提高	目标具体	这学期期末考试我的数学成绩要提高	这学期期末考试我的数学成绩要提高到 90 分以上
	可衡量	每天我要多做数学练习题	每天晚上我要花 30 分钟做数学练习题，15 分钟预习和复习数学
	可实现	期末数学考高分	6 月下旬数学期末考试 90 分以上
	有相关性	没有想到	我希望期末能拿班级"进步学生奖"
	有截止期限	我经常做练习题就可以	我要参加今年 6 月的数学期末考试，计划 6 月初的期末模拟考试达到 90 分以上

　　爸爸在家长会上分享经验时说："以前，我和佳佳定的考试目标非常模糊，孩子也不知如何实现，数学成绩一直没有提升，这次我们用了 SMART 原则，引导佳佳制订数学考试的具体目标，家长和孩子就能做到心中有数，困惑和焦虑就会减少很多。"

小练习

制订一个能让孩子主动执行的小目标

关注"妈妈点赞"微信公众号，回复"目标"，下载 SMART 目标表格，和孩子一起制订目标。

＿＿＿＿的目标制订表	
目标具体	
可衡量	
可实现	
有相关性	
有截止期限	

2.3　教孩子制订上学期间的每日计划

计划往往夭折于实施之前，这或者是由于期望太高，或者是由于投入太少。

🟠 新学期，新的每日计划

新学期开始了。牛牛的班主任李老师在新学期开始的第一天开了班会，班会的主题是"我的新学期安排"。

李老师说："同学们，暑假过去了，我们进入四年级的第一个学期，今天大家互相讨论一下，除了发给大家的课表，大家还要回去制作'新学期每日计划表'，大家可以发挥想象力，自行设计格式，下周三统一交给我。"

牛牛回到家，问妈妈："妈妈，老师让我们制订上学期间的'新学期每日计划表'，除了上课还有回家做作业，好像没什么其他事情吧？"

"牛牛，你再想想，你每天的安排，除了上课和做学校布置的作业，还有练习小提琴、回家玩玩具等，内容很丰富的。"

"哦，是从起床到睡觉的所有安排，对吧？"

"对啦！"

新学期开始，为了让孩子收心，尽快进入学习状态，和孩子制订一个每日计划成了很多家长的必选项。每日计划的形式有很多种，以下就是 5 种比较常见的每日计划图或计划表。

时钟计划图

对于 3 ～ 6 岁还不太识字的孩子来说，家长可以引导孩子用画画、贴图片等有趣的方式表示每日的作息安排。时钟图计划表可以设计成 24 小时，非常直观有趣。

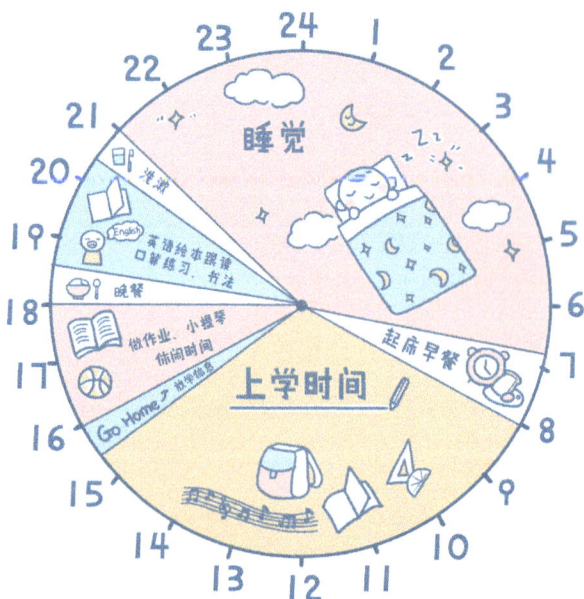

九宫格计划图

　　用九宫格制作每日作息安排也非常简单，可以把每日安排大致分成 9 份，填写在这 9 个格子里。也可以第一行代表上午，第二行代表下午，第三行代表晚上。每个格子里还可以加一些孩子的照片、绘图、贴纸等，孩子觉得有趣，就会乐意与父母沟通和确认每日作息安排。

哥哥的作息时间表

7:00~7:30 洗漱 吃早饭	7:30~10:00 玩	10:00~11:30 喝奶200ml 睡觉
11:30~12:00 起床 玩	12:00~15:00 吃午饭 玩	15:00~16:30 喝奶200ml 睡觉
16:30~18:00 吃水果 玩	18:00~20:00 吃晚饭 玩	20:00 喝奶200ml 睡前活动 准备睡觉 20:30睡着

清单计划图

　　父母还可以用"清单法"与孩子一起制作每日作息安排，左侧是时间段，右侧是具体的事项安排。每日作息安排表做完以后，打印出来，放在家中醒目的位置。

父母可以经常和孩子说："我们来看一下现在的时间和需要做的事情是什么。"让孩子逐步对每天的安排有意识，养成良好的生活习惯。在潜移默化中，让孩子对时间有感觉，能够把时间和事情相结合，建立时间观念。

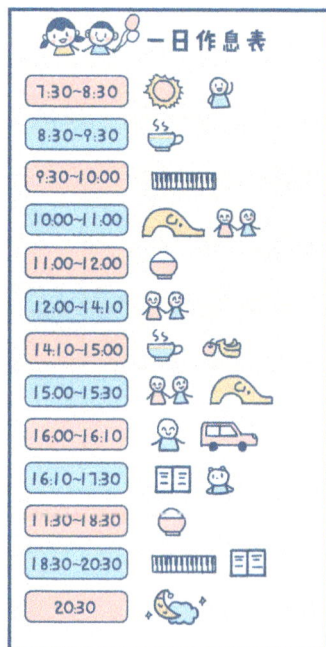

表格式计划表

每日作息表是孩子一天的整体安排，如果父母觉得内容还不够细致，可以用表格法设计各个时段的具体内容。比如"起床清单""上学准备清单""放学后清单"

等，这些名称可以叫作清单，但设计形式是表格式的，具体的内容和顺序可以和孩子一起沟通确认。以下是轩轩放学后详细的安排清单表格，可以作为参考。

轩轩放学后的安排清单（15:00 放学）

时间	内容	备注
15:30 ~ 16:00	1. 脱外衣换家居服	
	2. 把外衣放到指定位置	
	3. 洗手、洗脸	
	4. 打电话告诉爸爸需要打印的资料	
	5. 洗饭勺	
	6. 洗袜子	
	7. 吃水果 / 零食 / 自主休闲	自主休闲包括阅读、玩玩具等
16:00 ~ 17:30	1. 课内：语数英课后作业	3 个"番茄时钟"，每个"番茄时钟"20 ~ 25 分钟学习，5 ~ 10 分钟休息
	2. 兴趣：乐器（钢琴练习）	
17:30 ~ 18:00	自由活动	
18:00 ~ 19:00	晚餐时间	
19:00 ~ 21:00	1. 课内：语数英作业	根据作业量，选择其中的任务，安排 3 ~ 4 个"番茄时钟"（20 ~ 25 分钟学习，5 ~ 10 分钟休息），先做 A 类事项，其次是 B 类，最后是 C 类，余下时间可以自由活动
	2. 兴趣：乐器（钢琴练习）	
	3. 课外（朗读 20 分钟英语绘本）	
	4. 课外（学习 15 分钟英语单词）	
	5. 课外：数学口算（10 分钟）	
	6. 课外：语文网课（20 分钟）	
21:00 ~ 21:30	自由活动 + 洗漱	
21:30	睡觉	

每完成一个内容，父母可以让孩子在作息表上打一个钩，或者贴一张小红花、小贴纸，再开始下一个作息安排，同时需要父母做好监督。时间一长，孩子就会熟悉每天具体时段的安排，养成良好的习惯。

思维导图计划

几乎所有高效能人士都有一个特点——具有极强的时间管理能力。用"规划自己的 24 小时"来让孩子从小学会时间管理，是一件非常有意义的事情。但说教无益，有没有一种工具可以让孩子主动尝试着做时间管理呢？有，思维导图就是一个非常不错的工具，运用思维导图的形式设计孩子的每日计划，结构非常清晰，对于6 岁以上的孩子来说，很容易理解。

以下就是妈妈和果果运用思维导图法设计的每日计划。

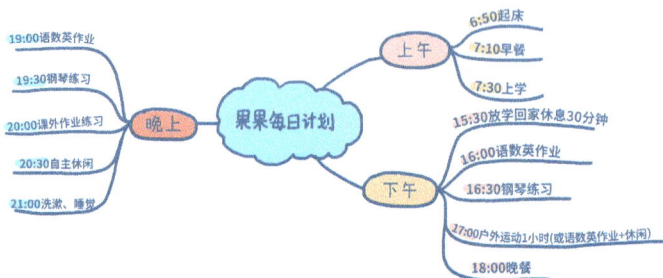

果果每日计划

上午
- 6:50起床
- 7:10早餐
- 7:30上学

下午
- 15:30放学回家休息30分钟
- 16:00语数英作业
- 16:30钢琴练习
- 17:00户外运动1小时(或语数英作业+休闲)
- 18:00晚餐

晚上
- 19:00语数英作业
- 19:30钢琴练习
- 20:00课外作业练习
- 20:30自主休闲
- 21:00洗漱、睡觉

小练习

引导孩子一起制订每日计划

本节介绍了 5 种每日计划的制订方式，父母可以让孩子选择其中一种，和孩子一起制订每日计划。

2.4 "分分和"法：制订兼顾学习和娱乐的周末计划

你怎么对待周末，命运就怎么对待你。

⊖ 吓死人的时间账本

孩子每周上学 5 天，这 5 天奠定着孩子的知识基础。

当孩子在学校能够高效地学习时，我们发现，还有一个角逐，在悄悄地发生……

我们来算一笔账。

一年有 52 个周末，如果每个周末多花 3 小时用于某个技能，一年就能在这个技能上投资 156 小时。如果把这项"投资"分散到每个工作日 30 分钟，那就要 312 天才能得到——一年只有 220 个工作日，312 个工作日相当于约一年半的时间。

每个周末一共抽出 3 小时的时间来用于有益的学习和锻炼，这不难吧？没有进行同等训练的人如果要用工作日赶上你，需要用 1.5 倍的时间。

我们悄悄投资在周末上的时间，会给我们带来巨大的领先优势。

如果考虑到时间还有复利效应，这个优势就更大了。

也就是说，我们把周末利用得越好，能够享受的时间投资成果就会越丰厚。

虽然掌握一门技能不可能是线性的，会有徘徊、低迷、倒退、放弃，但是我们仍然意识到，周末的力量是巨大的。把自己的周末利用得越好，人生就越占有主导权。

家长不妨问自己：孩子的周末时间是否投资在一些能够产生复利效应的项目上？

比如锻炼身体，让身体保持良好的精力，这是一生的复利……

比如坚持学习一门喜欢的乐器，而不是遍地开花什么都学……

比如趁遗忘曲线还没回落至谷底，对一周的学习进行复盘、检点……

怎么安排周末时间更合理，是先写作业还是先玩？或者如何通过合理的安排，让孩子学好、玩好、休息好，过一个有意义的周末？

接下来分享三个步骤：分、分、和。

分：把周末 2 天切割出 6 个整块时间段

周六和周日虽然不是上学日，但也要建立起清晰的时间刻度。按照时间刻度去组织安排周末，更加理智，也更加高效。每天除去早、中、晚三餐，具体的时间段可以大致分为：上午 9:00 ～ 12:00（约 3 小时），下午 14:00 ～ 18:00（约 4 小时，如果孩子习惯午休，可以减少到 3 小时），晚上 19:00 ～ 22:00（约 3 小时，平时晚上 21:00 睡，周末晚上可以 22:00 睡）。

这样周末每天上午 3 小时，下午 4 小时，晚上 3 小时，两天就有 6 个可以支配的大块时间段，总计有 18 ～ 20 小时可以支配。

确定了 6 个可以支配的时间段以后，再根据孩子的学科类课外辅导、兴趣类课外班、课内作业、休闲、运动等事项安排孩子的周末计划。

分：对周末想要做的事情进行分类

孩子的周末事项一般可以分成三大类。

第一类是学习类：学校布置的各科作业、语数英辅导班等。

第二类是兴趣类：音乐、美术、体育、科学等。

第三类是休闲类：爬山、逛公园、参观博物馆、吃美食、看电影、和小朋友一起玩、看书等。

先把固定要上的周末辅导班填进去，然后再填充其他内容。至少要安排 1 个时间段作为孩子的自主时间，随他自由安排。

比如，我和牛宝会把学习类和兴趣类的辅导班安排放在周六和周日的上午，休闲类的事项安排在周六和周日的下午，我们会安排去逛公园、爬山、参观博物馆、约小朋友一起玩等。具体选择哪一项，由牛宝自己决定。

如果家长把 6 个时间段都安排了，孩子会觉得自己是一头套在磨上的毛驴，在走一段永远没有尽头的路。一想到这，他就忍不住会磨蹭起来……

如果家长愿意给孩子 1 ~ 2 个整块时间用作休闲时间，他就像一匹在原野上奔驰的小马——跑过这个山头就可以玩耍啦，嗒嗒嗒……

基本上，周末 20 小时的时间，大致的时间分配比例是：学习，兴趣，运动休闲，建议 4:3:3 分配——40% 用于学习类安排，30% 用于兴趣安排，30% 用于运动休闲时间。大部分孩子对这样的分配会有较高的积极性。当然，对于不同年龄段的孩子，父母可以做一些适当的微调。

和：保证足够的亲子陪伴时间

孩子的周末，家长要在场。

我采访过很多孩子，问他们最想怎么过周末，60%是这样回答的：

"最大的愿望是周末爸爸妈妈能多陪陪我！"

六年级的昊昊说，周末最开心的事情就是和爸爸妈妈到餐厅吃美食，最喜欢吃比萨和火锅。

三年级的萌萌说，她特别希望一个月能有一次机会，爸爸妈妈在周末带着她一起爬山或者旅游。

有个笑话说，你能赚多少钱，取决于你的孩子需要多少钱。

现代家长的压力很大，居高不下的育儿费用和水涨船高的家政费用，算一算账，只好再拼一点儿。有时回到家，孩子已经睡着了。父母仅有的时间要么是送孩子上学，要么是陪孩子写作业，陪孩子出去玩的时间越来越少。

你给孩子花的钱决定了孩子成长的下限，你给孩子花的时间决定了孩子成长的上限。

还有的家长说，我也希望周末两天陪孩子多放松，可是看到其他孩子不是去上兴趣特长班，就是去上语数英辅导班，担心差距拉大，孩子学习落下了，后面跟不上。

成长是一件特别慢的事，一个孩子长到 18 岁，那就是 6750 余天的心血。每一天都有无数的状况，又有无数的希望。慢慢来，还有好几千个日子呢，你是想他拥有几千个快乐、自主、探索世界的日子，还是拥有几千个不快乐、机械、按部就班的日子？

在周末，家长最需要做到的是给予孩子高质量的陪伴。安排与孩子运动或者户外休闲的时间，和孩子一起在户外运动和游戏的过程中释放压力，建立信任感和亲密度，这样才能真正地缓解孩子的厌学情绪和抵触心理，提高学习的动力。

比如，每周日下午，我会和孩子选择一个户外活动：爬香山、逛奥森公园、划船等。孩子选内容，家长来实施，让孩子多接触大自然，身心得到彻底的放松。

周末也是训练孩子生活能力和情商的有效时机。有些父母觉得孩子负责学习就行了，其他万事皆不用管，上小学了孩子还不知道怎么做饭，更有甚者连水果都不会剥皮。这一代孩子活在更开放的时代，是实实在在的

"地球村民"，我们怎么能不教会他们在这个星球上生存的技能呢？

教孩子做饭，和孩子一起洗车，一个月一次大扫除，看望一次爷爷奶奶，整理家务，都能帮助孩子培养生活能力和责任意识，养成勤劳自立、感恩上进的好品格，在付出劳动的过程中找到自己的价值，从而获得成就感。一个对家庭有贡献的孩子，更容易成为一个对社会有贡献的人。

周六周日两个晚上通常各有 3 小时，很适合做专注力训练游戏，既可以锻炼思维，又可以高质量陪伴孩子，寓教于乐。父母可以安排 15 分钟的专注力训练游戏，15 分钟的各科提问式复习，1 个半小时的各科作业，以及 1 个小时的休闲时间。休闲时间由孩子自行决定，只要他能高质量高效地完成作业，休闲时间可以适当延长，反之，则需要按照要求做完才能休息。

小练习

和孩子一起设计周末安排表

参考下面的模板，父母和孩子共同设计一张周末安排表。

表格　周末安排表

时间段	几小时	学习	兴趣	休闲
周六上午 (__:__ ~ __:__)				
周六中午 (__:__ ~ __:__)				
周六晚上 (__:__ ~ __:__)				
周日上午 (__:__ ~ __:__)				
周日中午 (__:__ ~ __:__)				
周日晚上 (__:__ ~ __:__)				
小计				

2.5 引导孩子制订充实的寒暑假规划

合理安排时间，就等于节约时间。

——培根

😐 喜欢寒暑假的孩子与不喜欢寒暑假的父母

每个孩子都热切期盼着寒暑假快点儿到来，而很多父母却很害怕孩子过寒暑假。

很多家长认为，寒暑假不应该被各种培训机构的宣传"绑架"，如果家里有老人带，孩子在家待着好好休息、自觉学习，不是很好吗？但是一实践就发现——没那么容易！不安排培训班，孩子就像出了笼的野马，心都飞去了九霄云外。

菲菲妈妈是一位特别不喜欢寒暑假的家长。暑假的一天，上午10点钟，菲菲妈妈给家里打电话："菲菲奶奶，菲菲起床了吗？"

"还没呢！我叫了菲菲好几遍了，她都说太困了，不想起床。"菲菲奶奶无奈地说。

"那让菲菲起来接个电话吧。"

菲菲被奶奶叫醒，迷迷糊糊地接了妈妈的电话。

"妈妈，我困死了，我再睡一会儿就起床。"

"不行，太晚了，快起床！谁叫你昨天晚上睡那么晚。再不起床，妈妈就请假回去，把你从床上拽起来！"妈妈很着急，真想立刻到家把菲菲从被窝里拉起来。

"哎呀，老妈，放假了，寒暑假不是要好好休息和玩吗？同学们都这样过寒暑假，你怎么要求那么多！好吧，我起床，你千万别回来唠叨我！"

可是，妈妈依然对菲菲起床没有信心，情急之下，向单位请了假，匆匆赶回家。果不其然，菲菲妈妈打开家里的大门，就看到菲菲还赖在被窝里没有起床。看到妈妈请假不上班，就为了跑回家叫醒自己的"奇葩"行为，菲菲也吓了一跳。

真的是自己对孩子的要求多吗？该给孩子一个轻松的寒暑假吗？菲菲妈妈感到非常纠结，不知所措。

事实上，菲菲和很多类似孩子的问题在于，家长没有教会孩子做好假期规划，也没有提供监督方案以及激励措施，导致孩子没有养成良好的假期时间管理习惯。

寒暑假计划和周末计划的区别

有父母会问，寒暑假计划和周末计划有什么区别呢？

如果说学期中的每日计划是儿童时间管理的入门项目，周末计划是进阶项目，寒暑计划就是高阶项目了。寒假 1 个月、暑假 2 个月，加起来占了一年时间的 1/4。如果好好利用，就可以在假期充电、补漏、抢跑；如果荒废掉，就太可惜了。

周末计划是短跑间的休息，重点在于回顾和恢复。寒暑假计划是马拉松式的，重点在于整体设计和阶段性推进。

周末计划绕不开学业，是为了更加精神饱满、信心百倍地回到课堂上。寒暑假计划可以有区别于学业的重心，可以是去扎扎实实学会一项技能（如游泳、骑车），可以去远方看看这个星球的山河大地，也可以是系统地改进自己的学习弱项。

一个周末没利用好，5 天后就可以调整。一个寒暑假没有利用好，下一个假期要在半年后才到来。所以我们对待寒暑假计划的设计要分外上心，许多需要大块时间各个击破的事情可以安排在寒暑假，其他事情可以分解在学期中。

应该从什么时候开始重视寒暑假计划？建议孩子上了小学以后，父母就可以和孩子一起制订寒暑假每日计划，学会规划好 1 ~ 2 个月的大块时间。

学会规划寒暑假每日计划以后，孩子上了中学和大学，需要做自主规划的时候，才能够少走弯路，势如破竹。

如果孩子要考托福、雅思、注册会计师（CPA）等，或参加"希望之星"英语演讲比赛、大专辩论赛、学术夏令营，一般需要 2 ~ 3 个月的集中攻坚。你的孩子会如鱼得水，因为你从小学开始就训练他如何做大块时间的项目管理。

用跑马拉松的方法过寒暑假

1984 年、1986 年，日本选手山田本一获得了两次国际马拉松邀请赛的冠军，轰动了新闻界和体育界。他在自传中写道：

"每次比赛之前，我都要乘车把比赛的线路仔细地看一遍，并把沿途比较醒目的标志画下来，比如第一个标志是银行；第二个标志是一棵大树；第三个标志是一座红房子……这样一直画到赛程的终点。

"比赛开始后，我就以百米冲刺的速度奋力地向第一个目标冲去，等到达第一个目标后，我又以同样的速度向第二个目标冲去。40 多公里的赛程，就被我这么分解成几个小目标轻松地跑完了。

"起初，我并不懂这样的道理，我把我的目标定在40 多公里外终点线上的那面旗帜上，结果我跑到十几公里时就疲惫不堪了，我被前面那段遥远的路程给吓倒了。"

山田本一告诉了我们一个伟大而平凡的真理，那就是确定目标，把路径化整为零。

和周末计划类似的，比如，我们可以教孩子把寒暑假每天分成 3 个时间段。上午的时间段是从早上 7:30 起床开始，到 13:00 午餐结束。下午的时间段是 13:00 到 19:00 晚餐结束。晚上的时间段是 19:00 到 21:00 上床睡觉。家长可以根据每个家庭的情况进行微调。

涵涵妈妈通过启发式提问的方法，引导涵涵确定这个假期的目标。

- 涵涵上学期的语文作文较薄弱，想在暑假提高作文写作水平。

- 涵涵计划在暑假结束后去参加钢琴考级，暑假期间要熟练掌握考级曲目。

- 学校老师安排了暑期作业，需要完成。

- 保持健康的体魄。

这四个目标又进一步被分解成具体的计划内容，放进了不同的时间段，并进行合理的排序。另外，父母要特别注意和孩子的沟通方式，给予孩子更多的选择权和决策权，有利于计划的顺利执行。

（一）

"涵涵，提高作文写作水平的方法主要有两个，一个是多看，一个是多写。你打算怎么做呢？"

"我想每周看一本书，书由我来选好吗，妈妈？"

"可以的，妈妈稍后就带你去书店，先选 3 本，看完以后再去选，一次都买齐了就没有新鲜感了。那多写呢，你愿意每周写一篇作文吗？可以是读后感，可以是周记，只要动笔就行，妈妈会帮你批改。"

"好的。"

（二）

"涵涵，寒假还有什么一定要完成的作业安排？先写在本子上。"

"当然是老师布置的语文、数学、英语寒假作业喽。"

"涵涵，除了这 3 科作业，还有没有什么事是我们之前约定过需要做的？请写在本子上。"

"还有每天一篇数学口算或一页小状元数学练习题，英语绘本阅读，课外书阅读。"

"好的，那也写下来。"

（三）

"之前根据 SMART 法制订了你的钢琴考级计划，也要在暑假里坚持哦。"

"那就是每周上课一次？"

"还有每天练习 30 分钟呢。如果你考级的决心没有改变，就要继续坚持哦。"

（四）

"每天我们可以下楼运动 1 小时，你想做什么？"

"我想下楼打羽毛球，或者和小朋友在楼下花园玩。"

"好的，你都记下来。"

（五）

"对了，咱们约定的每日家务，你也别忘记写下来。"

"好的，我的每日家务有整理房间、擦桌子、扫地拖地、洗袜子、洗水果。"

教孩子制订寒暑假计划

教孩子制订合理的寒暑假计划，可以让孩子过一个充实又有意义的寒暑假，同时帮助孩子提升时间管理能力。父母可以和孩子一起制订日计划、周计划和月计划，并监督孩子有效执行，再逐步培养孩子的自我管理能力。

（一）制订寒暑假日计划

涵涵和爸爸妈妈通过提前沟通和约定，一起制作了表格式的暑假每日计划，计划分成 3 部分，包括上午、下午和晚上。具体内容有时间、具体事项、备注以及完成情况，尽可能做到劳逸结合。

涵涵的暑期每日计划

时段	时间	具体事项	备注	完成情况（家长监督）
上午	07:30	起床、洗漱		
	08:00	早餐		
	08:30	休息		
	9:00 ~ 11:00	不外出：暑假作业 / 数学 / 口算 / 阅读 / 写作 / 乐器等	选择其中 3 个项目，每个 20 ~ 25 分钟（计时器），完成一项任务后休息 5 ~ 10 分钟，剩余时间可以自主安排	
		外出：公园 / 博物馆 / 和小朋友约一起玩等		
	11:00	下楼打羽毛球或其他运动		
	12:00	午餐		
	12:30	休息		
下午	13:00	阅读	周末可以安排外出	
	13:30	乐器 / 作业		
	14:30	睡午觉		
	17:00	起床		
	18:00	吃晚餐		
	18:30	休息（30 分钟）		

续表

时段	时间	具体事项	备注	完成情况（家长监督）
晚上	19:00	跟读英语（30 分钟）		
	19:30	阅读 / 写作 / 口算（30 分钟）	选择其中 1 ~ 2 个项目进行练习	
	20:00	乐器（小提琴、钢琴、低音提琴）	选择其中 1 ~ 2 个项目进行练习	
	20:30	洗漱		
	21:00	睡觉		
	总结	每周一次计划总结与改进		

每日家务：1. 整理房间，2. 擦桌子，3. 扫地拖地，4. 洗袜子，5. 洗水果

（二）制订寒暑假周计划

除了寒暑假日计划，父母还可以引导孩子制订寒暑假周计划、寒暑假月计划等，让孩子对暑假的整体安排有清晰的认识。周计划是把每周每天上午、下午和晚上的重要事情标注出来，让孩子脑海里有意识，了解本周需要完成的重要事情，如下表所示。

	周计划（8 月 21 日 ~ 27 日）						
时间段	周一	周二	周三	周四	周五	周六	周日
07:30	起床、早餐、整理	起床、早餐、整理	起床、早餐、整理	起床、早餐、整理	起床、早餐、整理	起床、早餐、整理	起床、早餐、整理
09:00	语文 / 数学课外班	语文 / 数学课外班	语文 / 数学课外班	语文 / 数学课外班	语文 / 数学课外班	参观科技馆	学校报到

续表

时间段	周一	周二	周三	周四	周五	周六	周日
	周计划（8 月 21 日～27 日）						
11:30	午餐／午休	午餐／午休	午餐／午休	午餐／午休	午餐／午休	午餐／午休	午餐／午休
15:00	语数作业／小提琴／玩	语数作业／小提琴／玩	约好朋友玩	语数作业／小提琴／玩	语数作业／小提琴／玩	午休	约好朋友玩
19:00～22:00	英语／小提琴／看书／玩	小提琴／英语／看书／玩	小提琴／英语／看书／玩	小提琴／英语／看书／玩	小提琴／英语／看书／玩	小提琴／英语／看书／玩	小提琴／英语／看书／玩

（三）制订寒暑假月计划

一般来说，月计划的制订只要标注每月的大事件即可，不需要特别详细的内容，如下表所示。

周一	周二	周三	周四	周五	周六	周日
月计划						
	1 日	2 日	3 日	4 日	5 日	6 日
	夏令营	夏令营	夏令营	夏令营	夏令营	夏令营
7 日	8 日	9 日	10 日	11 日	12 日	13 日
夏令营	夏令营	夏令营	夏令营		动物园	
14 日	15 日	16 日	17 日	18 日	19 日	20 日
语文／数学课外班	语文／数学课外班	语文／数学课外班	语文／数学课外班	语文／数学课外班		看望爷爷奶奶
21 日	22 日	23 日	24 日	25 日	26 日	27 日
语文／数学课外班	语文／数学课外班	语文／数学课外班	语文／数学课外班	语文／数学课外班	科技馆	
28 日	29 日	30 日	31 日			
			学校报到			

以上这些计划表，父母可以帮助孩子打印出来，贴在家中醒目的位置，可以时刻提醒孩子每日、每周、每月需要做的事情。制订每日、周、月计划的方法特别实用，父母要和孩子一起制订，同时做好监督和支持工作，帮助孩子有效执行。

每跑完一小段的小休息和小奖励

不同年龄孩子学习时的专注力时长不同，父母可以根据孩子的特点，设计每项任务的时长。对于上五年级、11 岁的涵涵来说，他的专注力在 20 ~ 30 分钟，妈妈建议他每个项目的任务时长是 25 分钟，差不多是一个"番茄时钟"。

"涵涵，暑假如果不外出活动，咱们把一天分成了个时间段，每个时间段完成 3 个任务，你可以从任务列表中选择完成哪 3 个任务。每天妈妈回来，如果你都完成了，就可以有 40 分钟的休闲时间，你想做什么都可以。每周我们清点，好不？"

"那当然好啦！"

另外，爸爸妈妈和涵涵还约定了"礼物日"和"愿望池"，作为对涵涵的鼓励。礼物日有涵涵的生日、"六·一"儿童节、圣诞节、新年、春节五个。

孩子"愿望池"里的愿望可以包括礼物、玩具、美食、看电影、参观博物馆等。愿望池里的愿望可以按照预算或实施难度，分成几个档。

爸爸妈妈对涵涵每日计划的完成率及效果进行了综合打分（1 ~ 10 分，最高 10 分代表完成得非常好，最低 1 分代表没完成），再加上涵涵对自己的客观自评打分（1 ~ 10 分，最高 10 分，最低 1 分）。

根据两个分数综合后的平均分数，对涵涵愿望的 3 个档次进行设计。如果分数大于等于 9.5，奖励给涵涵第一档礼物（涵涵希望得到一份乐高直升机）；如果分数大于等于 8，奖励第二档礼物（涵涵希望吃一次比萨）；如果分数大于等于 7，奖励第三档礼物（涵涵希望去电影院看一次电影）；如果分数在 7 分以下，就没有礼物了。

到了"礼物日"，孩子可以从事先列好的"愿望池"里选择一项来实现。

需要注意的是，对孩子进行物质奖励的频率不要太高。比如，对于小学生来说，奖励最多每个月一次。

用好目标分解、时间段规划、礼物日、愿望池，孩子的寒暑假会过得有规律、有收获，更重要的是每个假期冲刺一个小目标，知道自己可以成为大块时间的主人。等到他以后在学业上、事业上取得辉煌的成就，孩子会说，我一生项目管理的基础开始于那个暑假……

小练习 🖊

制订寒暑假的每日计划

关注"妈妈点赞"微信公众号，下载寒暑假每日计划模板，根据孩子年龄，和孩子一起制订每日计划。

孩子把寒暑假作业拖到最后才做，怎么办

▲家长：我家孩子五年级了，放假十来天了，作业不愿意主动做，每天就是玩游戏、看电视和骑共享单车，经常把作业拖到最后才做。一开始我是觉得可以让他放松一下，现在发现他越来越懒散。小英老师，我该怎么引导他安排好暑假生活呢？

■小英老师：孩子一到放假就"放羊"，没有计划，散漫、无聊，这的确是让很多父母特别头疼的问题，有时候还是觉得孩子上学比待在家里好啊！

建议家长在放假前就和孩子约定假期的计划和安排，我们可以告诉孩子："在假期里，你可以比平时有更多自由活动的时间，但要提前合理安排，把学习和娱乐安排好，学好又玩好，做到劳逸结合，这样的假期才会过得充实有意义！"

"寒暑假要学好又要玩好！"给孩子灌输这样的理念以后，父母和孩子沟通假期计划与安排时就会更容易。

如果是放假 10 天以后再和孩子谈计划和安排，的确会有点儿晚，但父母还是要和孩子好好谈谈："每天这样吃喝玩乐，

会不会有些无聊呢？爸爸妈妈咨询了一些老师，还是建议你做好暑期的安排和计划，每天又学习又玩，这样的假期更有意义和收获，接下来，我们一起制订暑期计划如何？"

在和孩子制订计划时，先从他可以接受的安排开始。比如每到寒暑假，如果不外出，上午 9:00 ~ 12:00 共 3 个小时，我会和牛宝沟通："你可以选择 1 小时学习 + 2 小时自由活动，或者 1.5 小时学习 + 1.5 小时自主安排。"让牛宝选择。

要多给孩子决策的机会。大部分情况下，孩子自己做出的选择，会更乐意执行。

一般牛宝会选择上午 1 小时学习，分解成 3 个"番茄时钟"，每个 20 分钟。比如数学作业、语文作业、英语作业、口算练习、英语阅读、小提琴练习等，自主时间可以穿插在其中，让孩子来安排。父母的目的是要让孩子至少有 1 小时的学习时间。

下午和晚上的安排也可以参照以上安排，只要孩子每天都保持"学习 + 自主安排"的规律，就能够保持对学习的惯性，等假期结束，孩子能够无缝回归学校生活，同时他经过暑假的持续学习，基础也更扎实了，自信心也更强了。

家长还可以和孩子一起制订一些特别的安排，比如参加夏令营、去博物馆、旅游、运动等。

父母特别要注意的是和孩子的沟通方式，记得我们前文所说的，父母要做钟摆型的，不要做闹钟型的，要温和而坚定地要求孩子按照计划去执行。

寒暑假过去了，你会发现孩子朝气蓬勃、焕然一新，充满了对世界和知识的好奇，投身到学校的学习当中。

2.6　计划是否需要百分之百地执行

在今天和明天之间，有一段很长的时间；趁你还有精神的时候，学习迅速办事。

3 个孩子的计划都没执行好

涵涵做事情的时候，很容易做着一件突然想到另外一件，立刻就抛下手上正在做的事。就从学习上来说吧，他正在背英语单词，突然想起来数学作业还没写完，就赶紧写数学作业；刚写了一会儿，想起明天要交一个手工，就又跑去做手工。涵涵做着一件事，心里想着另一件事，到头来觉得自己什么都没做好，还内疚半天，自我评价很低。

轩轩平时做数学作业一般需要 30 分钟，这天用了 40 分钟还没有做完。轩轩爸爸有些着急了，说："这次怎么变慢了，必须在规定的 30 分钟完成，否则就把你的休息时间扣掉。" 轩轩听了很难过，赌气不愿继续做下一科的作业，说好的学习计划无疾而终。

果果妈妈反映说，在执行时间计划表的过程中发生了小摩擦，起因是她根据孩子的课业直接调整了时间，没和孩子商量，孩子很生气，结果她也没忍住发火了，后来发现让孩子坚持计划又变难了。

以上这 3 个案例，你有类似的经历吗？

发生在一个孩子身上的突发事件实在太多了！计划通常都赶不上变化。

今天孩子生病了，明天孩子发脾气了，后天和爸妈闹矛盾了，简直有一千零一个理由可以让计划执行不下去。

所以父母焦虑了、挫败了、放弃了。

训练开始，计划完成多少算合格

事实上，在训练孩子时间管理的过程中，执行不完是再正常不过的情况了。我们父母要知道，训练孩子的时间管理是一个长期的过程，刚开始，孩子能完成计划的 70% 就够了。

我来访过多位高考状元、清华北大等名校的学霸，我问他们："你们制订的学习计划表总是能百分百地完成吗？"

他们回答说：

"我们制订的计划只能完成大部分，大概占 70%，状态不好的日子可能回落到 50% 左右。因为每天都有新的情况、新的作业要被写进计划本，To Do List 在一个不断膨胀和动态变化的状态中，而每天的时间却固定只有 24 小时 1440 分钟。"

我又问：

"如果计划制订了却不能百分之百地完成，那计划制订还有什么意义吗？"

他们回答说：

"即使只完成了 70% 甚至 50% 的计划，我们也比没有制订计划的人完成得更多。因为计划就像航海图，是系统性的、方向性的、提醒性的，只要在正确的方向上前进，哪怕只前进一点点，也比漫无目的凭感觉晃悠要强。"

我继续问：

"那你是如何让这个只执行 70% 的计划发挥最大作用的呢？"

他们给出了一个和我的时间管理理论高度契合的方法：

"我们会把计划按优先级分类。比如 A 类是最重要的，B 类是次重要的，C 类是相对不重要的。先把每天必做的事情分解到 A 类里（如背 10 个单词、10 个成语、1 篇古文、30 分钟运动）。每布置一项新任务，我们就按优先级分成 A、B、C 三类，把它写进计划本。执行时，基本按照先完成 A，有余力再完成 B，有余力再完成 C 的顺序进行，这样保证最重要的计划可以得到最大力度的执行。"

学霸们都在用的计划管理法，核心是从最重要的开始执行，完成70%就够了。在第3章里，我们还会对制订计划的方法进行详细的介绍。

执行不顺，要学会思考3个问题

当父母发现孩子计划执行不顺利时，试着考虑3个问题。

- 第1个问题：为什么孩子的计划执行不了？

计划定得太难，一时实现不了，势必会影响孩子的信心；计划定得太死，具体规划到"几点几分干这个，多少分钟后再干那个"，不能随机应变，孩子很快感到厌烦，不想坚持下去；计划总是调整，孩子好不容易适应了，家长又明显增加了难度，孩子容易产生逆反情绪。这3种是最常见的情况。

所以要想坚持一个计划，先要让孩子感觉自己有信心完成，觉得这个计划有意思，过程中有及时反馈的满足感，后面还有希望和盼头，孩子才会愿意坚持。

- 第 2 个问题：有些计划不能按照时间完成怎么办？

有的父母给孩子制订了很详细的时间计划表，如果把全部内容都完成，就会拖到很晚，如果是按照计划时间，孩子几乎没有几项能够按时完成的。

那么这个时候我们就应该重新梳理一下计划表了，把孩子能够在短时间内完成的事情放在前面，让孩子找到自信，难度依次提升，最难的就算作挑战项，孩子做了就好，一开始不要苛求效果。

- 第 3 个问题：孩子完成不了，父母应该如何调整？

孩子坚持不下来，无外乎是两个原因：第一个是觉得太难，自己做不到，害怕错了之后被批评，所以就拖着不愿做；其次是，安排得太多了，心理压力大，不能集中注意力，导致效率低。

父母要教会孩子按优先级对任务进行排序，先做重要的，再做次要的，再做最不重要的。这样，哪怕只完成了计划的 70%，孩子的力气也是用在了刀刃上。

眼光放长远，引导孩子坚持

做计划、做执行不是一蹴而就的。如果读完了这本书而不去实践，你也没有办法掌握技巧。如果实践时一遇到挫折你就放弃，更不可能享受时间管理带来的丰厚人生。

和孩子沟通时间计划表的一开始，要让孩子知道爸爸妈妈会一直做他坚实的后盾，如果遇到困难和问题，永远可以寻求爸爸妈妈的帮助。

更重要的是，一家人要能建立起共识——做计划是为了孩子成长为更好的人，作为命运的主人公，他自己要扮演主动的角色。

主人公应该要深度参与和决定自己的计划，父母应该和孩子一起讨论：为了实现某个目标需要哪些准备呢？有什么干扰项要想办法排除？

比如问孩子最影响专注力的是什么。电视的声音，手机游戏，还是食物或者是爸爸妈妈不经意间的打扰？当孩子执行计划时，帮助他隔离这些干扰项，比如手机和零食。

其次是，可以寻找一位共同努力者，相互督促。如果家里有两个以上的孩子，可以让他们制订类似的时间计划表，一起执行，良性竞争。如果只有一个孩子，家长也可以加入和孩子一起执行计划，比如家长听完时间管理的课，制订一份自己的计划和一份孩子的计划，等孩子做完作业，一起调整计划表，调整后家长和孩子分别按计划表执行，在执行的过程中家长和孩子可以互相监督、鼓励。

美国教育心理学家珍妮特·沃斯指出，没有一种内心的安全感，有效学习不可能进行。在执行计划的过程中，愉快、和谐、宁静和相对稳定的积极情绪，才是孩子有效学习的保障。

总之，在孩子执行计划的过程中，一开始需要我们和孩子一起去执行，在这个过程里找到孩子的节奏，也理解孩子的努力。当孩子有情绪的时候，你更要控制自己的情绪，陪孩子想解决的办法，落脚点不是孩子的能力有问题，而是计划制订得不够好，可以优化。

小练习

教孩子制订课后学习计划表

教孩子制订每日学习计划非常重要，特别是孩子放学以后的课后学习计划表。参考以下表格，父母和孩子可以一起沟通放学后的学习安排，并做出适合孩子的课后学习计划表，贴在家中醒目位置，同时父母要监督以及检查孩子的完成情况。

时间	内容	ABC 分类	时长	完成情况
15:30 ~ 16:00	放学休息	C	30 分钟	
16:00 ~ 16:30	作业（语／数／英）	A	一个"番茄时钟"	
16:30 ~ 17:00	乐器练习	B		
17:00 ~ 18:00	下楼户外／做作业	A	一个"番茄时钟"	
18:00 ~ 19:00	晚餐＋休息			
19:00 ~ 19:30	作业（语／数／英）	A	一个"番茄时钟"	
19:30 ~ 20:00	乐器练习	B	一个"番茄时钟"	
20:00 ~ 20:30	作业（语／数／英）	A	一个"番茄时钟"	
20:30 ~ 21:00	自主时间	C	30 分钟	
21:00	洗漱＋睡觉			
备注	一个"番茄时钟"：20 ~ 25 分钟学习，5 ~ 10 分钟休息 17:00 ~ 18:00，尽量安排户外活动，如果遇到作业多的时候，调整成做作业 完成情况由父母填写			

2.7 执行计划的原则：要事第一

如果你一直在做不重要的事，最后你可能一事无成。

😊 分不清事情轻重缓急的牛牛

牛牛是班干部，平时工作比较认真，老师和同学都很信任他。

有时他正在管纪律，班主任叫他帮忙收一下班费；正收到一半，数学老师冒出来让他将今天布置的作业写到黑板上；正写到一半，两个同学打起架来，他又赶紧跑去劝架。

好不容易劝住了架，数学老师过来说："怎么布置了 3 条作业，黑板上只写了一条半？"

牛牛赶紧捡起粉笔继续写，班主任冒出来说："咦？怎么班里同学打架没跟我报告呀？"

牛牛从这头奔到那头，一直在响应各种情况，到头来却挨了批评。

到底应该先做哪件事呢？

回到家做作业，牛牛又烦恼地发现，光顾着完成老师布置的任务了，忘了抄作业记录本。

牛牛赶紧给好朋友打电话，询问今天的作业。好朋友说完了作业，又说，"牛牛，明天我们班和隔壁班踢足球吧，你明天带个足球好吗？"

牛牛一口答应了。挂了电话，才想起来，第二下午要上奥数班，踢不了足球。

牛牛忍不住叹了口气："怎么办呀？事情太多，根本就不知道从何做起！"

越有能力的孩子，越有可能面对多任务的人生。

他们像闪闪发亮的星星，吸引着周围的世界向他们发出邀约、发出信号、发出需求。

父母要做的，不是帮他们承担这些任务，而是教会他们如何从容地处理。

孩子辨别轻重缓急的能力还不成熟，需要大量的练习和父母的帮助。下面我详细介绍学霸们都在用的 ABC 任务管理法，并提供几种不同的表格样式供你选择。这种方法可以帮助优秀的学生发挥时间的最大效能。

每天收到一笔"巨款"的时间账户

如果你有一个神奇的银行账户——每天醒来，账户就多了 86400 元，随便你花，而且今天花完了明天还有，你开心吗？但让人不开心的是，今天花不完，到了 24 点就会被清零。第二天照样从 86400 元开始。你会怎么样用好这每天到账的 86400 元？

是不是想要赶紧去买东西？

是不是要先买自己最需要的东西，有余钱才去买其他的？

对于价格超出了 86400 元的东西，是不是要采取分期付款的方式？

这个银行账号就是我们的时间银行呀！在时间银行里，没有 VIP，每个人都老老实实地领取每天等量的时间，巴菲特、海伦·凯勒、张小龙、王俊凯、隔壁大壮，和你一样，每天都拥有同样的时间，同样每天要被清零。

可为什么同样的时间，有的人买来了更多的"东西"（成就），有的人却"两手空空"（一事无成）？

因为有的人每天都"积极消费"，拼命使用他的时间"购买"生命的精进。

因为有的人懂得"投资"，先把时间拿来投资最重要的项目，保证最大的投资回报比，有余钱再投其他。

因为有的人懂得采取"分期付款"，把一些大件任务化整为零，分散到每一天支付一点点时间。

因为有的人懂得"花别人的时间"，他精打细算地使用着自己的时间和注意力，把无关紧要的任务分包出去。

孩子每天都拿着这86400元，他不知道应该怎么花，他没有支出计划，没有投资机会，没有轻重缓急的区分，就会过上低水平、忙碌的学习和生活。

如何投资孩子的时间账户

管理好时间账户最重要的一点，就是分清轻重缓急，先投资重点项目。

时间管理四象限法是许多时间管理专家广泛推荐的时间管理法，由美国管理学家柯维先生提出，即将个人手头上的事件按照重要和紧急程度两个维度进行了划分，分为了4个象限，分别是重要而且紧急、重要但不紧急、不重要但紧急、不重要且不紧急。

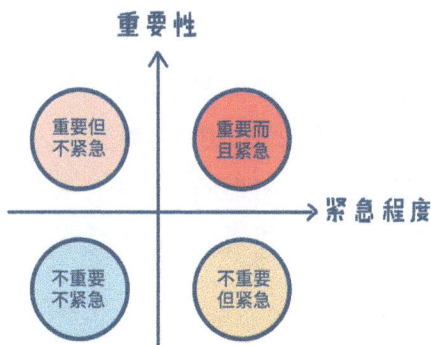

但是四象限对孩子来说太不直观了，4 是一个比较难记忆的数字，三层是最稳定最简单的结构，所以根据时间管理四象限法引申出一个更简单的分类方法，叫 ABC 任务管理法，它把任务重新做了以下分类。

A：重要而且紧急的事，比如老师布置的当日作业。

B：重要但不紧急 + 紧急但不重要的事，比如每天都要做的分解任务（阅读、朗诵、运动、练琴）。

C：不重要且不紧急的事，比如有余力再做的小实验。

这种方法对孩子来说更加形象易懂，一教就会。如果孩子从小学开始使用 ABC 任务管理法，到中学阶段，基本就能培养独立的学习能力了，父母可以少操很多心，孩子可以少走很多弯路。

请注意，ABC 任务管理法用于自主学习比较强的孩子时，对 ABC 的区分必须由孩子自己来进行，家长提供辅助性的意见，不能越俎代庖。这些孩子本来就有要解决"时间不够用"的需求，他们在不断调整和尝试中，

131

会找到真正属于自己的 ABC 排序。

对于孩子自制力很弱的家庭，这个表格首先是家长的自检清单——我是按照 ABC 轻重缓急来帮助孩子制订计划的，还是按照线性时间一股脑什么都安排上去，让孩子觉得要做的事情漫漫无际、干脆不做了？

投资时间先从重要的事情做起

轩轩试用了这个方法，发现很好使。接到一个新任务时，他会先在脑海里过一遍，看这个任务属于 A、B 还是 C。如果是 A，他会马上去落实；如果是 B，他会记下来等有空时再落实；如果是 C，他会考虑请别的同学帮忙，或者记下来等做完 A、B 了再去做。

妈妈神秘地告诉轩轩，如果用好 ABC 任务管理法，还可以在学习上突飞猛进。

轩轩问妈妈："现在距离期末考试还有 2 周，我怎么样可以用 ABC 任务管理法考出好成绩呀？"

妈妈建议："为了迎接期末考试，咱们一起看看你每天晚上的学习安排是不是需要做一些调整。对了，你就用妈妈教你的 ABC 任务管理法，试着做一下调整哦。"

接下来，在妈妈的帮助下，轩轩运用了 ABC 任务管理法，根据重要和紧急程度，清点了手上任务的属性，调整了各个项目的分配时间，形成了下表。

考前复习任务清点（18:30～21:30）				
主要事项	分类	时间	调整事项（考试）	调整后的时间
数语英预习	B	10 分钟	数语英预习	10 分钟
数语英作业	A	40 分钟	数语英作业	40 分钟
数语英复习	A	10 分钟	考试复习、错题集	60 分钟
弹钢琴	C	25 分钟	弹钢琴	暂停
唱歌	C	25 分钟	唱歌	10 分钟
休息娱乐时间	B	40 分钟	休息娱乐时间	40 分钟
写日记	C	15 分钟	写日记	暂停
洗漱	B	15 分钟	洗漱	10 分钟
共计		180 分钟		180 分钟

从表中可以看到，备考期间，把原来每天的小复习 10 分钟调整到了大复习 60 分钟；弹琴和唱歌两个兴趣项在复习期间只选择了唱歌一项，原因是已经在桌子前坐着学习了一个晚上了，弹琴还是坐在板凳上，唱歌可以站着打开胸腔、加强血液循环；休息娱乐时间可是一点儿没减少，这样孩子才不会对学习产生厌倦——他愿意洗漱快一点儿，也不愿意玩少一点儿。

小练习

用 ABC 任务管理法做一个期末考试复习表

ABC 任务管理表格有多种变体，下面提供几个常用模板。父母可以和孩子一起，者根据孩子的情况制订一个专属的 ABC 任务管理表，并实施 5 天以上。

（1）期末考试复习 ABC 时间表

期末考试复习 ABC 时间表			
期末考试时间：＿＿年＿＿月＿＿日，距今还有＿＿日 我这次考试的目标是：＿＿＿＿＿＿＿＿＿＿＿＿＿＿ 宣言：破釜沉舟，所向披靡！我愿意为目标每日学习＿＿小时			
时间	A	B	C
7:15 ~ 7:45（上学路上，在爸爸车里）			
12:45 ~ 13:00（午饭后、午休前的时间）			
16:00 ~ 17:00			
17:00 ~ 18:00			
20:00 ~ 21:00			
21:00 ~ 22:00			

（2）日常学习 ABC 表

日常学习 ABC 表			

时间：＿＿＿年＿＿＿月＿＿＿日，每日课后学习时间预计 3 小时

	A 每日必做	B 选做	C 最后做
语文			
数学			
英语			
其他（如运动、兴趣、第二课堂）			

（3）考前复习任务清点表

每天可支配时间：＿＿：＿＿～＿＿：＿＿，预计＿＿小时
期末考试时间：＿＿年＿＿月＿＿日，距今还有＿＿日

原有任务	ABC 分类	原使用时间	调整后任务	调整后时间

原有任务	ABC 分类	原使用时间	调整后任务	调整后时间
共计				

第 3 章

专注力：儿童时间
管理训练的关键

PCP 儿童时间管理模型的左腰"C"代表"专注力"，专注力培养是父母引导孩子高效学习和生活的关键。

专注力的强与弱，是区别学霸和普通孩子的非常重要的指标。

通过本章的学习，父母要学会在日常学习和生活中，不要打扰孩子，提升孩子上课专注力，引导孩子高效做作业，教孩子做好合理的考试安排，引导孩子正确地使用电子产品，减少破坏孩子的专注力，要学会找到正确的方法，培养孩子的专注力，帮助孩子更加高效地学习和生活。

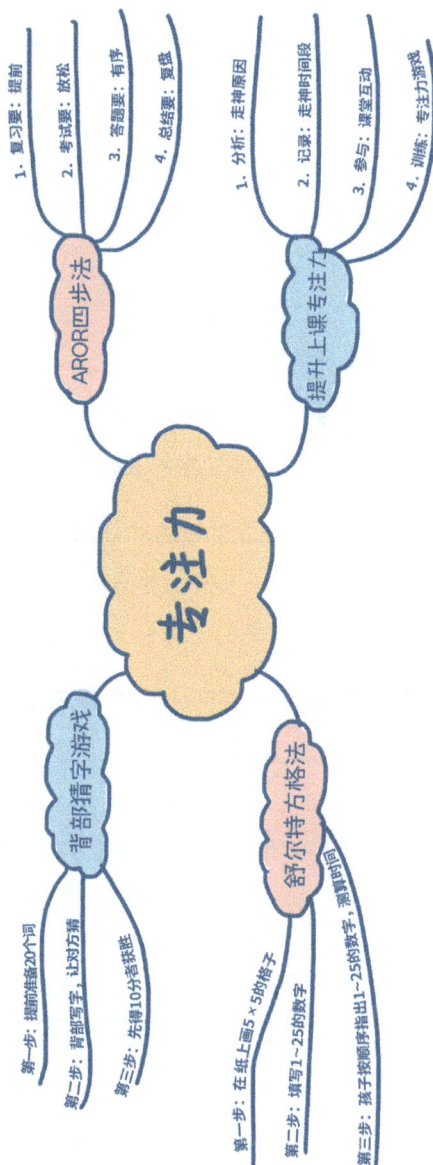

第 3 章 专注力：儿童时间管理训练的关键

专注力

- AROR四步法
  - 1. 复习要：提前
  - 2. 考试要：放松
  - 3. 答题要：有序
  - 4. 总结要：复盘
- 提升上课专注力
  - 1. 分析：走神原因
  - 2. 记录：走神时间段
  - 3. 参与：课堂互动
  - 4. 训练：专注力游戏
- 背部猜字游戏
  - 第一步：提前准备20个词
  - 第二步：背部写字，让对方猜
  - 第三步：先得10分者获胜
- 舒尔特方格法
  - 第一步：在纸上画5×5的格子
  - 第二步：填写1~25的数字
  - 第三步：孩子按顺序指出1~25的数字，测算时间

3.1 不打扰是最好的陪伴

除非你被孩子邀请，否则永远不要去打扰孩子。

——蒙特梭利

学习专注力和娱乐专注力不同

涵涵是爸妈和老师眼中的"问题"孩子，经常上课做小动作，不专心听讲。回家一做作业就一百个不情愿，小测试和期末考试经常只有六七十分……为此，班主任不是微信提醒家长，就是课下找家长谈话。

涵涵爸妈很苦恼，经常吼叫着批评涵涵，也没什么效果。明明已经恨不得全家人的时间精力都投入到孩子身上，但他仍然老出状况，涵涵爸妈因此患上了严重的焦虑症。

当老师提醒涵涵妈妈要注意培养涵涵的专注力时，涵涵妈妈说："要说我家涵涵专注力不行，我可不太信。他玩乐高拼插玩具可专注啦，每次能玩 1 ~ 2 小时。可是为什么每到上课和做作业时，他就坐不住呢？"

专注力是什么？

哈佛大学著名心理学家埃伦·兰格在她的心理学图书《专注力》中说，专注力，又称注意力，指一个人专心于某一事物或活动时的心理状态。

涵涵妈妈提出了一个重要概念，孩子在不同场景下的专注力是有差异的。

学习时的专注力和玩游戏时的专注力是显著不同的。玩玩具、看电视和玩电子产品等娱乐活动，会从声音、光线、图片、趣味性等多个角度来吸引孩子的注意力。而学习的大部分的内容是思考和做题，刺激孩子大脑的内容没有那么丰富，所以孩子很难做到专注。

本书讲的专注力聚焦在学习专注力上，这部分专注力的训练是最难的，父母要引起足够的重视。

面对孩子注意力不集中、上课不认真，成绩差等问题，你是不是很无助？除了责骂孩子以外，想不到更好的方法？你大概说过类似的话："为什么别人都能注意力集中，听课认真，成绩优异？为什么就你注意力不集中，成绩跟不上？……急死我了！"

很多家长向我反映："孩子学习注意力不集中，上课开小差，写作业会走神，怎么着急和吼叫都不管用，这到底是什么原因呢？"

孩子学习爱走神，很多时候是父母惹的祸！因为父母在不经意间会经常打搅孩子。

请你来判断回忆一下，自己和家人是否会经常有以下这些行为。

● 孩子做作业时，我们在旁边不时地指出错误，让孩子及时修改。

- 在孩子玩耍/学习的过程中，时不时地给孩子喝口水、吃口东西，肆意打扰孩子。

- 孩子跟你说话，觉得比较啰唆，经常忍不住不耐烦地打断孩子的讲话，而不是耐心听孩子把话说完。

- 孩子在认真观察、探索好玩的事情时，经常嫌弃孩子弄脏了衣服、搞坏了玩具、太调皮，而愤怒地制止孩子？

………

这些不经意的细节，恰恰是扼杀孩子专注力的"根源"！

法国生物学家乔治·居维叶指出，天才，首先具有很强的专注力。在孩子学习的过程中，注意力是打开他们心灵的门户，而且是唯一的门户。门开得越大，学到的东西就越多。而一旦注意力涣散或无法集中，心灵的门户就关闭了，一切有用的知识信息都无法进入。所以很多差生的共同特点就是专注力弱。

那么，父母在家要如何注意，做到不打搅孩子呢？

不走神从营造环境开始

父母要尽量给孩子提供一个独立而且安静的环境。如果有条件，可以给孩子准备一个独立的书房，让孩子安静地学习。哪怕没有独立书房，孩子的书桌也应该是一个纯粹的"学习角"。

　　书桌上不要摆放与学习无关的东西，比如零食、玩具等，这些都不利于孩子学习。孩子的书桌上只能放书本、文具、台灯等学习用具。

　　不要让孩子一边看电视一边做作业。这要求父母在孩子做作业的时候也尽量不要看电视。从传播学上来说，图像信息源比纯文字信息源更吸引人，视频信息源比图像信息源更吸引人——这就是俗话说的"一图胜千言"。既然人的天性如此，不要与天性对抗，不要给孩子制造诱惑。关掉电视，给孩子一个安静无干扰的环境吧。

　　家长更不能一边玩手机一边监督孩子做作业。有些家长陪孩子做作业时，自己觉得百无聊赖，所以就拿手机在旁边刷视频、刷微博、刷公号。孩子最喜欢模仿成人的举动，看到你刷手机乐不可支，他会不由自主地分心。如果你想营造一个适合学习的家庭环境，你就打开一本书，一起学习。

不走神要有时间界限感

时间界限感是孩子对完成一个事项的时间长度的感知。改定时为定量，让孩子在规定时间内分阶段完成学习任务，提前完成的话，多余的时间可以让孩子自由安排。

定时的规划会让孩子觉得"反正都要写30分钟，我提前完成还会被加作业，倒不如偷偷玩一会儿"；定量的规划，会让孩子觉得"哇，提前完成以后，多出来的时间我爱干什么都可以呀，那我要抓紧了"。

如果孩子能够专心并按时完成学习任务，可以休息5～10分钟。完成每天的整体任务后，父母给予孩子一定鼓励，可增强孩子的自信心。

然后，再以同样的方式完成后面的学习。当孩子能够做得很好时，可逐步延长一次性集中做题的时间。

要求孩子在审题的过程中，自己把题目的要求、条件用笔勾出来，以防止走神出错。这些都可增强孩子的自信心，让他感觉"我能自觉集中精力做好一件事"。

不走神需要家长不干扰

有时候，家人看见孩子学习很辛苦，喜欢时不时给孩子送水果，虽是好意，但容易破坏孩子的专注力。有时候，父母在身边辅导孩子学习，一看到孩子的错误，就忍不住指出来；还有的时候，孩子学习过程中，父母会习惯性问孩子一些问题，等等，这些情况都会让孩子的专注力遭到破坏。

教育中最大的误区，就是对"时下的不满"，孩子拖拖拉拉你希望他快一点儿，孩子风风火火你希望他慢一点儿，孩子不爱学某样东西你担心他发展不全面，孩子很爱做某件事情你又担心他过度沉迷。

我们不妨去观察和享受孩子的自然状态。有时候，孩子沉浸于他的兴趣，就是在培养自己的专注力。比如，孩子在观察小动物、做科学小实验，在看书、在玩玩具的时候，如果没有严重偏离每日计划，父母最好不要干扰孩子，而是耐心地等他把工作完成。要知道，他在通过沉浸和重复建立起自己的认知。

想想我们有没有为一个项目、一件事情废寝忘食、全情投入的时候？正是因为有进入"心流"的经验，我们才能慢慢训练出进入"心流"的能力。

一个人若无法集中精力做一件事，会很痛苦，也注定了他在这件事上无法获得成功。父母在养育孩子的过程中，当孩子专注于某件感兴趣的事情时，不轻易去打扰，而耐心陪伴就是保护、培养孩子专注力最简单有效的方法。

如果想训练孩子的专注力，还可以这样做：提前和孩子约定完成每个任务的时间——看故事书 30 分钟之后必须写作业 30 分钟，写完数学作业可以休息 15 分钟玩玩具，等等。让计时器、番茄时钟来充当提醒的角色，过程中父母尽量不要去打搅孩子。

3.2 如何提升孩子上课的专注力

知识的获得是一个主动的过程，学习者不应该是信息的被动接受者，而应该是获取过程的主动参与者。

——杰罗姆·鲁纳

🙁 害怕收到老师微信的轩轩妈妈

轩轩妈妈最近特别害怕收到班主任王老师的微信。

以前，王老师会在微信里讲一下轩轩最近在学校的表现。

现在，老师直接发来了轩轩在课室里的视频。

轩轩妈妈现在一看到视频，心就会往下一沉——不好了，轩轩上课又走神了。

只见视频里的轩轩，一会儿动动他的铅笔盒，一会儿拽拽隔壁小朋友，一会儿玩玩带来的小玩具。他全身上下没有一个地方是不动的，除了脑子。他周围的事情没有一件是他不关心的，除了听课。

班主任王老师发现轩轩最近上课时眼睛没有聚焦，有时候会盯着窗外或者周围其他的同学，没有认真听课，心不在焉。若是教室外发生了什么事情，有了什么特殊的声音，他一定是全班第一个被吸引过去的。回答老师提问时，也常常"一问三不知"。

"轩轩同学，请你说一下这道题的答案。"王老师看轩轩上课又走神了，就点他回答问题。

"哎呀，王老师，我没有听清，您刚才讲哪道题？"轩轩被老师点名，他下意识"噌"的一声站起来，因为速度太快，一不小心把身后的椅子撞翻在地，同学们见状，哄笑起来。

"轩轩，我们刚才讨论的是第五题，你来说一下答案吧！"王老师提示道。

"王老师，第五题的答案是……268？哦，不对，是286？"轩轩并不知道答案，开始摇头晃脑地瞎猜。

"轩轩，这道题咱们都讲了两遍解题思路了，你怎么还是不认真听！"王老师无可奈何。

轩轩妈妈和王老师在手机的两头都发出深深的叹息。

轩轩妈妈跟我诉苦："我现在最怕的就是老师的微信和电话。比如在家长群里问我，说孩子作业没交，感觉就像当众宣判。与我私聊，那就是直接宣判了。如果电话来了，那就是宣判立即执行！——天哪！看到来电显示是老师的号码，简直都有窒息的感觉，因为肯定又是孩子出状况了。"

上课听讲是孩子学习的中心环节。我国的基础教育水平位居全球前列，几十年反复锤炼出一套比较科学的教学设计。教学设计里包含"讲练评测"四个环节，"讲"是开头，也是核心。小学的知识并不难，如果能够在课堂上集中注意力，充分吸收内容，那么知识点就掌握了一大半，可以节省出大量的课余时间去进行素质开拓。听课非常重要且不可取代，因为即使父母是高级知识分子，也会因为没有受过系统的师范训练而难以承担老师的角色。

因此，父母要特别重视孩子的听课质量，抓住课堂40 分钟，胜过万元补习班。

很多父母都向我反映，孩子上课注意力不集中，回家做作业的时候比较吃力，速度很慢，作业拖到很晚才完成，父母很头疼。

那么如何提升孩子上课的专注力呢？

分析：和孩子一起找到走神的原因

如果孩子主动告诉父母自己走神的真实原因，就是一个好的开始，孩子也希望不要总被老师批评。但很多时候为什么孩子不愿意主动说呢？因为父母总是没听完就急着发表"评价"——"你这样不行啊，应该……"

放下你的评判心，耐心地听孩子倾诉烦恼：是不是老师的语速太快了听不懂？是不是隔壁在装修导致睡眠不好？是不是好朋友转学了提不起精神？父母对孩子提出的原因要多提供帮助，帮助孩子想出解决的方法，而不是责备和训斥。

家长同时也要从自己身上找原因：自己有没有干扰孩子学习？经过分析，轩轩注意力不集中的主要原因竟然是家长干扰太多。轩轩妈妈有陪作业的习惯，在孩子旁边辅导的时候，一会儿让轩轩把错字擦掉重写，一会儿让轩轩检查错误，或者让轩轩喝水、吃水果、问轩轩话，经常打断轩轩的学习思路。时间一长，轩轩的注意力就很难集中。

孩子爱走神，最突出的原因有两个，一个是儿童思维活跃，自控力弱，如果从小没有专注力训练，容易思维涣散；另一个是孩子注意力经常被家人打断，专注时间不长，所以在课堂上和做作业时，习惯性地走神。

除此之外，其他让孩子上课注意力不集中的原因还有很多，有的孩子是因为对课程没有兴趣，老师讲得没有新意，孩子视觉和听觉上没有被吸引；有的孩子是因为有心事，比如和同学闹矛盾了，或者爸爸妈妈吵架了，或者是成绩考得不好，被批评了……上课就静不下心来。

孩子走神的原因在父母看来也许很可笑，但父母不能一笑了之，更不能责备或训斥，要接纳孩子的情绪，帮助孩子想出解决的方法。

孩子对课程的兴趣往往跟对老师的喜爱程度正相

关，但总不能因为孩子不喜欢某个老师，就随意地更换班级吧？这时候家长就要发挥作用了，多"请教"孩子在学校学了什么，并引导孩子把学到的知识运用在生活中。这样的话，孩子会觉得自己成了一个小老师，抱着一颗"师心"去听课，积极性会比较高。

如果是因为活跃而容易走神，那么家长就需要培养孩子的规则意识，锻炼孩子安静做一件事情的能力，尽量不要打扰和岔开话题，提升孩子的注意力时长。

如果孩子走神是因为外部环境造成的——遭遇校园暴力、同学冲突、家庭矛盾，孩子上课专注力肯定会比较弱。家长一定要多关注孩子敏感的心事和内心的想法，学会帮助孩子减轻心理负担，解决问题，把心思放在学习上。

注意力不集中不是无法解决的，但你一定要先找到原因，再对症下药，不断地练习，坚持下去就有效果。

记录：记录走神反而能减少走神

我们经常会记录今天学习了若干时间，运动了若干时间，睡了若干时间……

可是我们从来没有记录过今天走神了多长时间。

记录走神时间，是时间感培养的重要方法。走神就像是无数个时间黑洞，零零碎碎地吸走了我们的光阴。

记录的动作本身就可以唤回注意力，还会自然而然地让人产生战斗的欲望。等到记完了回头看看，会惊讶地意识到原来走神的时间这么多，从而知道光阴可贵。

自从轩轩开始记录走神时间以后，他走神的次数减少了很多。他不但会记下走神的时间，还会记下走神时老师在讲什么，下课的时候可以问问同学，回家的时候可以请教爸妈。

记录孩子的走神时间，不是为了谴责孩子，我们一定要记住，不同性格、不同年龄段、不同情境下孩子的专注力水平是有差异的。在上课或者做作业的场景中，二年级以下的孩子专注力一般可以维持 15 分钟左右，三四年级是 20 分钟左右，五年级及以上是 25 分钟左右，父母可以以此作为参考来训练孩子。

参与：积极参与课堂互动

走神的本质是因为觉得知识点跟自己没有联系。

我们自己参加一些培训和讲座的时候，也会忍不住走神，因为讲师讲的内容和我们没有产生联系。对于孩子来说，基础知识点往往很难在实际生活中马上运用起来，加减乘除、拼音字母、单词语法，与窗外飞翔的鸟、闪闪发亮的云、沙沙作响的树相比，是如此乏味。

最好的办法就是帮助孩子提高课堂参与度，这样的注意力才是最自然和最集中的。

每天晚上做完作业，父母可以引导孩子花 10 ～ 15 分钟简单预习一下语数英，提前发现上课的重点和难点，还可以带着疑问（2 ～ 3 点）去听课，孩子在课上的时候就会觉得"这个知识点我认识"，就会想举手回答问题。

如果要求孩子每节课都要提出 1 个问题，那么提出问题这个动作本身就会让孩子和课堂发生联系。他会专注地在老师的讲课过程中打捞有没有他想要的答案。

很多时候孩子不愿意问问题，一是因为孩子怕提的问题太"蠢"，会被老师和同学嘲笑，以前的好奇心总是被打击，不敢再犯错，怕被批评；二是孩子懒得或不愿意思考，只是单纯地听课，却没有真正听进去，只是听老师讲，却不会想听到的知识有什么用，能解决什么问题，所以就容易走神。

家长要告诉孩子，"世界上没有愚蠢的问题，不懂就要大胆地问，懂就要大胆地回答"。一方面，在生活中需要多鼓励孩子提问，哪怕是一些很简单或者你也不知道答案的问题，都要表现出和孩子同样的兴趣和热情，和孩子一起去找答案。另一方面，鼓励孩子举手回答问题。老师都喜欢积极回答问题的学生，孩子积极参与课堂提问，师生间的联系会加强，孩子更容易喜欢上老师，进而喜欢上这门学科。即使答错了，也没有关系，因为我们学习就是为了暴露问题，暴露得越多，成长得越快。

训练：和孩子一起玩专注力训练游戏

孩子专注力的训练方法有很多，父母可以每周花 1 小时或者每天花 10 分钟左右，培养孩子的专注力。

● 第一个方法：小英老师专注力训练法"背部猜字游戏"。

孩子上课走神引发的老师投诉，往往会导致家里的硝烟味很浓。所以要培养孩子的专注力，必须要同时做好亲子沟通。小英老师开发了一个既可以增进亲子关系，又可以提升孩子注意力的专注力训练游戏——"背部猜字游戏"。你可以来试试看哟。

第一步：双方提前准备 20 个词。

第二步：妈妈或者爸爸在孩子的背部写一个工整的字，然后用计时器，给孩子 10 秒的时间，让孩子猜。

第三步：如果孩子猜错了，妈妈或者爸爸得 1 分。

如果孩子猜对了，孩子得 1 分，然后孩子在妈妈或者爸爸背部写一个字，给 10 秒时间猜。

……

以此类推，哪一方先得 10 分，哪一方获胜。

这个游戏用时 5 ~ 10 分钟，可以训练孩子的专注力。

- 第二个方法：舒尔特方格法。

舒尔特方格训练法是世界上最专业、最普及、最简略的专注力训练法，普遍应用于飞行员和航天员的训练，也是学生提高注意力的有效训练法。需要的材料简单得不可思议，只要能够坚持一段时间，注意力就能产生本质的提升。

舒尔特方格是在纸上画 5 乘以 5 的 25 个方格，格子内任意填写上阿拉伯数字 1 ~ 25 共 25 个数字（每个数字仅出现 1 次）。训练时，让孩子用手指按 1 ~ 25 的顺序依次指出其位置，同时诵读出声，父母可以在一旁记录所用时间。数完 25 个数字所用时间越短，说明专注力水平越高。

11	18	24	12	5
23	4	8	22	16
17	6	13	3	9
10	19	25	7	1
21	2	15	14	20

以 7 ~ 12 岁年龄组为例，时间能达到 26 秒以下为优秀，26 ~ 49 秒属于正常水平，50 秒以上则说明注意力很难集中。

针对不同年龄的孩子，数字的量可以调整。比如，年龄较小的孩子可以只设置 1 ~ 9 共 9 个数字。

专注力训练游戏有很多，父母可以参考魏华老师《不急不躁 用游戏提升儿童学习力》一书，其中有专门训练专注力的部分，可以提升孩子的专注力。

专注力在儿童时间管理上的应用有几个非常重要的时间节点。一个是写作业的时间段，一个是考试前备考的时间段。如何更好地在这些关键时间节点提升孩子专注力，发挥时间管理的作用呢？请看接下来的 3.3 节和 3.4 节。

小练习

用"背部猜字游戏"训练孩子的专注力

父母可以把本课程的内容分享给孩子，在家可以和孩子一起玩"背部猜字游戏"，每次玩 10 分钟，可以训练孩子的专注力。

3.3　孩子高效作业管理五问

　　古人说：欲得真学问，须下苦功夫。要想把所学的知识记得扎实牢固，做好作业是很重要的环节。

◯ 孩子做作业很慢是因为懒吗

　　很多家长向我抱怨，每天辅导孩子做作业到很晚，身心疲惫。

　　"老师你好，孩子没有时间观念，一说到该做作业了，总是拖拖拉拉，先做一些其他事情才会去做作业。写作业也很拖拉，本来1小时能写完的，非得拖到3小时才能完成。"

　　"我家孩子写作业总是非常慢，玩玩这个，玩玩那个，注意力不集中。才小学二年级，每天写作业就要写到11点以后。说她一句，她就写一会儿，不说她就又开始玩，我的脾气一下子就上来了。"

　　其实，大多数孩子做作业到很晚，并不是懒导致的。

背后的原因主要有 3 点，第一个是没有根据孩子的能力安排作业，缺乏劳逸结合的合理分配；第二个是没有创造安静的环境，孩子的注意力集中不起来；第三个是错误的陪读方式，使得孩子没有独立学习的能力。

只想玩，不想做作业——孩子有自由时间吗

家长会后，轩轩妈妈留下来请教班主任王老师。

"王老师，我们家轩轩放学以后总说：'作业怎么那么多呀？'可是，我看了轩轩的作业登记本，我觉得学校布置的作业并不多啊！"

"轩轩妈妈，按理来说，学校的作业也不会太多，有些同学在课间、在午餐后的休息时间就做完了。"

"轩轩说他不愿意在学校做作业，他说学校的休息时间太少，不够。但是在家一直在玩这玩那，一点点作业就要做很久。"

"轩轩妈妈，你是怎么安排孩子做作业的时间的？"

"轩轩下午 3:30 到家，我和他约定 4:00 ~ 5:30、晚上 7:00 ~ 8:30 是学习时间。"

"如果学校的作业做完了呢？"

"那就让他做一些课外练习。"

"如果课外练习做完了呢？"

"……那就再安排他多做一点儿呀!"

"那我知道了,您给孩子做作业的时间安排不太合理,孩子没有自己的自由时间,尤其是做完了作业你还会给他'加餐',他就没有动力去高效率地完成作业了,反正完成了以后也还是要再做课外练习,还不如多拖一会儿,少做一点儿是一点儿。"

有些父母在衡量孩子的学习的时候,只看重时间不看重结果,比如要求孩子晚上一定要全负荷地做作业,如果提前完成作业,就会给孩子"加餐"。

给孩子安排自由时间非常重要,家长可以和孩子约定,如果提前完成了课后作业,孩子就能够拥有一定时长的自由时间,爱做什么做什么,家长不加干涉,那么孩子的学习积极性就会提高。他会为了争取这个自由时间,努力地把作业快点儿做完。

现在小学生的近视率越来越高,很多班级竟然有一半以上的同学都近视了。很多家长一味地注重孩子的智力素质,却忽略了孩子的身体素质。

看到孩子们年纪小小就戴上了厚厚的眼镜片,我觉得很心疼。如果近视了不戴眼镜,孩子就会眯着眼睛看黑板,做作业的时候也会和桌面越凑越近,脊椎弯曲成了一棵低着头的向日葵。

近视是可以预防的。让孩子每天至少有 2 小时的户外活动时间。在户外活动中，孩子的眼睛在大自然中得到放松，他的视线不再局限在桌面的方寸之中，可以看到天边的山、远处的树林、近处的草地，这样远中近景的搭配可以让他的眼球得到很好的放松，他也就不容易近视了。

小动作特别多——孩子能专注多长时间

很多一年级的孩子放学以后写作业磨蹭，老"找事"，一会儿要喝水，一会儿找橡皮，小动作很多。父母急得不得了，但是俗话说，十个孩子九个磨。孩子慢是正常的，因为他的速度效率肯定没有大人高。

父母需要站在孩子的角度上去理解他，然后再给他提供帮助。一年级孩子的专注力时间不是很长，通常是 5 ~ 15 分钟。父母要求孩子整整 2 小时都要一动不动地坐在书桌前，这是很为难孩子的。

我们可以从番茄时钟开始，让孩子做 10 分钟作业，休息 5 分钟，再做 10 分钟作业，再休息 5 分钟，这样孩子就不会坐不住。随着年龄的增长，孩子每段做作业的时间可以再逐步增加。

低龄孩子的注意力非常容易分散，有的孩子是因为环境不够安静，容易走神。比如我家牛宝有时候做作业，心里会惦记着刚刚买回来的乐高玩具，心思不在学习上。因此父母要为孩子创造一个好的学习环境。比如，准备一个安静的小书房，收拾整洁的书桌，齐全的学习工具，可以避免孩子受到外界嘈杂的声音、凌乱的客厅、来来往往人员等不良因素的打扰。

在孩子学习的时候，家人尽量不要大声喧哗，或者把电视的声音开得很大，这些都会影响孩子的学习。

为了培养孩子的"学习生物钟"，可以和孩子约定每天都在一段固定时间段集中精力去做一件事。这个行为本身是孩子的一种自我管理和自我约束，是自制力、韧性的磨炼。和孩子约定好以后，不要老打搅孩子，比如说一会儿送吃的，一会儿问孩子话。

除此之外，最重要的是要和孩子沟通，早点儿按照要求做完作业，就可以玩玩具和看书。所以做作业前不能把玩具放在旁边，更不能边做边玩。孩子有动力的时候，更容易一心一意地学习。

做了一会儿就不愿意做了——你注意作业顺序了吗

父母抱怨孩子做作业做了一会儿就不愿意做了，在父母的催促下拖到很晚。留意观察，你会发现如果是孩子喜欢的科目，孩子愿意先写，经常会提前完成，完成了以后愿意马上开始下一科；但是对于学起来比较费劲的科目，就会容易拖。比如，我家牛宝在刚上小学的时候，爱做数学，因为写字少；对于语文写字就会费劲一些，特别是遇到一些比较难的字，他的心理就会有些抵触，半天也完不成一页的描红。

做作业的顺序是，先易后难。

针对作业量大、孩子有抵触心理的情况，你需要找出孩子最喜欢的科目和相对不那么喜欢的科目，有针对性地分配时间。比较快完成的放在晚饭前做，比较耗时的作业，手抄报、作文、背诵朗诵等，放在饭后做。

例如，有的父母是这样做的，孩子英语学得好，先让孩子做 30 分钟英语作业，还有 30 分钟可以让孩子看英语电影、阅读英语绘本或者朗诵，让孩子以自己喜欢的方式去学习。

如果孩子不喜欢语文，不要让孩子一开始就做不喜欢的写字，可以先唱一遍声母韵母歌，或者是让孩子分享一下当天语文课上学到的故事，后面再和孩子比赛看谁写的字好看，可以故意输给孩子，关键是帮助孩子找到信心，去克服畏难的心理。

一二年级时引导孩子训练，建议他先做什么再做什么，三四年级可以由孩子自己决定先做什么再做什么。还有一点很重要，就是每完成一个小项目，就要让孩子休息一会儿，劳逸结合。

速度快但错误多——你陪写作业的做法正确吗

如果在孩子三年级以前，父母不注意培养他的学习习惯和时间管理能力，到了五六年级再想培养，困难就大得多了，因为习惯的培养是一个长期的过程。

但是大部分家长陪写作业的做法都是错误的，正确陪写作业的关键是"家长引导孩子做"，而不是"家长帮着孩子做"。

有的家长一看题目那么简单，但孩子怎么说都不会，就忍不住代替孩子做了。这样是犯了学习的大忌，因为虽然家长把题目完成了，孩子看似第二天可以在作业上拿到高分，但是他却没有真正地掌握这个知识和解题技巧。久而久之，孩子会失去独立学习的能力，养成依赖父母的习惯，不愿意思考。

更可怕的是，孩子可能觉得自己不是学习的料，怎么做也没有父母做得好，完全没有积极性和自信心学习了。家长需要培养孩子独立完成作业、承担错误的意识，从"陪"慢慢过渡到"不陪"。

有的父母看到孩子写字不端正，就开始训斥："马上给我重写！"孩子稍稍停顿，就吼："现在几点啦，你想拖到什么时候……"真是应了家长群里长期流传的这句话：不写作业，母慈子孝；一写作业，鸡飞狗跳。父母这种监督式的陪写作业，是对孩子注意力的一种干扰，不但起不到好作用，反而让孩子产生压迫感。

在陪孩子写作业的过程中，不要老找孩子的问题，要陪孩子一起找方法；评价孩子做作业，不看他把作业做对了没有，而是看他有没有认真地思考。

真正的陪伴，指的是家长在一旁静静地看书、工作，做自己的事情，和孩子一起享受这种在一段时间内专注做事的亲子时刻。孩子没有来寻求帮助时，不要去打扰和指导孩子；孩子来问问题时，也要尽量引导他自己开动脑筋想问题，而不是直接给出答案。

比如，孩子写字慢，你可以和孩子一起练习，然后问孩子：你觉得妈妈为什么写得比你好呢？孩子可能会说，妈妈有力气，妈妈认识的字多。最后你可以和他分享你以前练字的经历、中国文字的历史，一起搜索孩子正在写的字的意思，帮助他提升兴趣，弱化畏难情绪。

关于陪伴的时间可以根据孩子的年级做调整，我们建议一二年级的孩子，父母陪伴的时间是 80% 以上，三四年级可以降到 60% 左右，五六年级则为 30% 左右。到了初中，就可以逐步放手，让孩子自己完成作业，父母偶尔抽查就可以。

做作业时老发呆——你关注过孩子的心事吗

孩子上课不专注的原因很多，还有一个比较常见的原因是，孩子有心事。

父母吵架了，你以为跟孩子没关系，但孩子是很敏感的，可以觉察到家里的气氛变得紧张了。他会担心爸爸妈妈是不是因为自己吵架了，是不是不爱自己了，是不是不要自己了。

如果父母和孩子聚少离多，孩子常年都和老人、保姆待在一起，父母不知道孩子现在最喜欢的电视剧是什么、游戏是什么，一见面就只知道批评孩子，找孩子的问题去教育，孩子会觉得和父母在一起没乐趣，就会逃避到自己想象的世界里去，有事没事都爱发呆。

如果孩子很不幸地遭遇了校园暴力，家长和老师却毫无察觉，那孩子无处倾诉、无处求助，只能够自己在恐惧中左冲右突，上课的时候自然就没有办法集中精神了。

现在孩子的性成熟期提前了，孩子也很有可能是陷入了情感困扰中，所以上课的时候老走神。

如果是这些原因，父母就不能本末倒置，一味地想训练专注力，而是要去找到孩子心事的根源，耐心倾听、提供支持、帮助解决，孩子才能够静下心来学习。

3.4 让孩子全力备考的"AROR 考试复习四步法"

能在考场上正常发挥，就已经战胜了 80% 的人。

🙂 孩子没考好，父母不淡定

父母在育儿上的焦虑，从胎教，到早教班，到兴趣班，到幼儿园，到课外辅导班，终于在期末考试上进行了全面爆发。

似乎考试这个环节做不好，就会满盘皆输。

"现在社会压力太大，身边的孩子都在拼命地努力，课外班也是满满的。开学先是入学考，接着月考、期中考、期末考，根本没有喘息。老师把成绩往群里一发，如果孩子没考好，家长能保持淡定的真不多。"

"小学期间孩子挺配合的，成绩也拔尖，我以为上初中了会乘胜追击，可是并非如此，进入青春期开始叛逆了。一是慢，你催促他根本不理会。二是懒，做事没有条理、不列计划，逼他写了计划也不照着做。三是对自己要求不严格，上课不专注，课堂上讲的内容没有及时消化，成绩直线下降。"

输不起的不是孩子，是父母。

很多父母当年千军万马过的独木桥，来到了大城市学习、工作、生活，有了娃、买了房——好不容易通过知识改变了命运，深知每一步都不容易，决不允许孩子走错一步，否则孩子的人生就要倒退回去了！

希望孩子抬头比别人快，学步比别人快，开口比别人快，3 岁背唐诗，4 岁学钢琴，5 岁练芭蕾，6 岁英语呱呱叫，7 岁入学省重点，门门考试都满分。

孩子简直就是一个行走的碎钞机。钱不重要，只要孩子学习优秀、力压群雄，爸妈花多少都值！

可是孩子居然只考了 70 分！而满分是 100 分！

这样怎么考得上好的中学、好的大学？！怎么出国念书，怎么找到好工作？！

考试分数成了父母心中过不去的坎，因为对他们来说，分数不是意味着对知识点的掌握，而是象征着远大前程上的又一步不踏空。

所以在我接到的咨询里，有很多都是忧心忡忡的家长，围绕孩子的考试成绩问题展开的。

哪怕是成绩不错的孩子家长，也会在考 95 分和 100 分之间纠结，也会因为孩子的排名落后了几名而睡不好觉。他们问我："有什么办法可以保证孩子考试超常发挥呢？"

老实说，这跟"有什么办法可以保证彩票中奖"的答案是一样的：没有。

考试在教育里的本质目的就是检验知识点的掌握情况，准备考试本身是加深对知识点的理解。

考试分数是以知识点掌握程度为基线，以做题技巧和心理状态为浮动点的一个数字。只要能考出基线水平，就是胜利——超常发挥是小概率事件，可遇不可求；正常发挥是考试时最大的目标——不要失常，就是胜利。

其实，经历了各种大小考，孩子成绩出现小范围的波动很正常。考试发挥失常指的是成绩远远低于平时水平，完全不能体现实际的知识掌握水平。比如某一科目从以前的优秀变为及格，或者班级排名下降10名以上、年级排名下降幅度占全体人数的15%以上。

有的孩子平时学习很好，可考试却常常失利，父母觉得很苦恼，孩子的自信心也受到影响，每次一到考试就很紧张，考前不知道怎么复习，有的甚至临近考试就不愿意去学校。失常的原因有几个，一可能是考试复习没做到位，二可能是考试心理素质不过关，三可能是没

有掌握考试的答题技巧。

　　学习一定有方法，考试一定有技巧。那么考前应该怎么准备，才能充分缓解考前焦虑，助力孩子正常发挥呢？父母可以运用"AROR 考试复习四步法"，来引导孩子完成整个复习和考试环节。

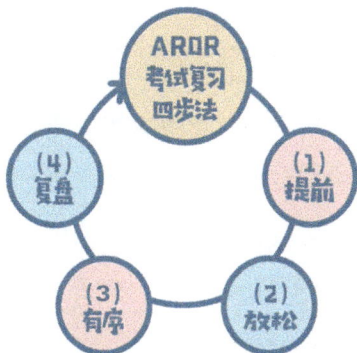

- 第一步：复习时要"提前 Advance"。
- 第二步：考试时要"放松 Relax"。
- 第三步：答题时要"有序 Order"。
- 第四步：总结时要"复盘 Review"。

接下来，我会详细介绍"AROR 考试复习四步法"。

第一步：复习要"提前 Advance"

　　不管是平时"小考"的随堂测试、月考，还是"大考"，比如期中、期末考，都是为了对孩子在某一阶段知识掌握情况进行考察，所以考试成绩的基本面就是学习的扎实程度。

学校老师的教学模式分为"讲、练、测、评"4个环节，只有经过了"测"的检验，让学生对学到的知识进行复盘、梳理、解题，才能达到比较高的消化率。父母要教孩子一定要认清这一点，考试不是为了折磨学生，恰恰相反，考试是帮助孩子学习的一个重要助手。

学习有遗忘曲线，所以要设置小考，分阶段回顾知识点，要设置大考，进行综合评测。

针对"小考"需要复习近期的知识和考点，父母可以根据孩子的作业以及课后练习的情况，督促孩子做好每日的课后复习。

针对大型的期中期末考试，建议期中考提前2周、期末考提前至少4周开始制订考前复习计划。每天专门安排40分钟左右的时间进行复习，这样比临时抱佛脚地冲刺一周效果要好得多，强度也小得多。

复习计划最简单又全面的制订方法，首先是对应课本目录梳理出一个复习框架，安排每天复若干个章节；其次拿出整理的各科错题本，复习曾经的易错点；第三可以在考前做一些模拟试卷，这样的复习方式会比较系统。

错题集

错题来源	
原题	
错误答案	
正确答案	
原因分析	

　　父母可以通过提问的方式，和孩子整体复习一遍学过的知识。问答比做题给孩子带来的压力要小，而且可以精准发现孩子的知识薄弱点。

　　在和孩子整体复习的时候，切忌批评和负面评价，不然孩子会容易反感和逃避。孩子哪个知识点迟疑了、答错了，家长一定要面不改色，不要大惊小怪，默默记下知识点，然后帮助孩子回顾。一定让孩子觉得，发现薄弱知识点是一件很正常的事情，而暴露在考前是很幸运的事，赶紧在考前把它拿下。

当孩子懈怠的时候，你要给出正面的鼓励，比如："上次通过复习你已经解决了 3 个错题，今天看看你又要战胜哪一道错题呢？" 不断增强孩子的成就感，孩子才愿意坚持。

第二步：考试要"放松 Relax"

离考试越近，越需要保持放松的心态，这样孩子不会有压力。考试当天不要创造特别的仪式感，就把它当成漫漫人生中平淡无奇的一天——出门，上学，坐下来，做题，交卷。

考试的那一天，和平常越像越好。

大部分家长够焦虑了，大部分孩子压力够大了，不需要再大惊小怪地去把考试当成一场战斗。考试的本质结果，在开始之前已经决定了，孩子学得有多扎实、复习得有多到位，这是试卷发下来之前就已经决定的了。

只有和平常一样，孩子才不会紧张，不会有压力——都是平常练习过的知识点，都是平常做的题目类型，就是在做一个简单的测试。

孩子的压力大部分是由家长和同学造成的，而整体来说，来自家长的压力容易引起叛逆，来自同学的压力容易引起直追。所以家长要调整好自己的心态，不要让自己的焦虑和紧张影响到孩子。家长越自然，孩子就越放松。除此之外，还需要帮孩子缓解他的压力感，告诉他："正常发挥就可以了！"

在临近考试的日子里，家长可以帮助孩子进行基础复习、做好营养健康的食物。如果孩子压力太大，家长可以根据实际情况带他出去走走、看个电影、唱个歌。

考试前一天晚上，提醒孩子检查考试物品，最好有一个清单，这样不会缺漏。

□ 黑色或蓝色水笔 3 支，需要写"8"字检查出水是否流畅，是否有漏墨情况

□ 2B 铅笔 3 支（2B 通用绝大部分答题卡，HB 则不一定），削好笔尖

□ 小巧的卷笔刀

☐ 橡皮擦

☐ 圆规

☐ 量角器

☐ 直尺

☐ 三角尺

☐ 草稿纸（看学校规定是否让带）

☐ 身份证（中考高考必备！！！）

概括起来，就是复习上做最周全的准备，考场上做最放松的发挥。这样孩子不但容易正常发挥，还可以训练出一生受用的抗压能力。

第三步：答题要"有序 Order"

你可能不相信，我要讲的第一点考试技巧是——记得写名字。

看过太多的案例，考场上一紧张，拿过试卷就开始答题，吭哧吭哧交了卷，才发现，糟糕，没写名字！

写名字本身可以让孩子找到熟悉感，名字写了很多年，写好名字，就像是在这场考试上开了一个好头。而且一笔一画的汉字书写，会让人放松下来。

写完名字要做的第二件事是，扫视一遍整张试卷，对分值和题型分布有一个大致了解。这样的话，孩子的潜意识会默默开始运转，心中把时钟与做题进度挂上钩来。

了不起的潜意识，还会让孩子悄悄开始思考作文题目。是的，如果你开始不做扫视，一场 2.5 小时的考试，你要在 1.5 小时后和作文题狭路相逢。如果你一开始扫视了作文题目，虽然你在做题，但你的潜意识已经在后台悄悄运算"我要写什么呢"，等你做到作文题时，潜意识的运算答案已经呼之欲出了。

扫视试卷以后，根据难易程度，做一个大概的估算，进行考试的时间分配。比如，在做题过程中，父母要教孩子从前往后做题，这样可以避免漏题。但是，很多孩子容易在面对难题时耗费太多的时间，会影响后面的答题时间和状态。所以遇到模糊不确定的情况，先放弃，一定要做好标记，比如"画圈""打问号"。先把会的做完，回过头来再解决难题或者比较不确定的题。

还可以先选择分值比较低的选择题，简单的题先做，然后是较难、分值中等的简答题，最后再做较难的应用题。（这个方法对考生的要求较高，慎重选择！）

考试的最后 10 分钟很重要。过关斩将，止于此。还有 10 分钟的时候，无论考生是否做完所有题目，都必须停下来！

如果说之前的做题是为了攻城略地，最后 10 分钟的停止就是为了稳固城池。

考生在考场上犯的低级错误太多太多了，每个老师都可以说上一堆——没写名字的、没涂答题卡的、涂错答题卡的、漏题的、写错答题区域的、看着 A 写成了 B 的……

最后这 10 分钟，人的精神高度紧张，几乎不可能再灵光一现解开一道大题，最后 10 分钟最好的利用方法，就是拿来杜绝低级错误。迅速检查一遍，名字、答题卡、选项、有无漏题，这样才可以确认"该拿的分数我都拿到了"。

假如检查完还有时间，可以再花时间看看简单的题目，可以把来不及答题的题目写上"解""答"，写上可能会用到的公式或关键词，能捡一分是一分。

总之，在这场基本面大底落定的考试中，想要尽可能地在正常发挥的范围内拿偏高的分值，就要遵循"先易后难""简单题拿满分，中档题多拿分，难题能拿一分算一分"的原则。

第四步：总结要"复盘 Review"

如果是高考、中考那样持续好几天的考试，考试结束后家长坚决不能问"考得怎么样""题目都会做吗"，已经考完了，这些问题对结果不会有一分一毫的影响，而且还会影响孩子下一场考试的发挥。

但是如果是小学、初中阶段的其他考试，如果想要每一次考试都有进步，就非常有必要进行分析和复盘了。

拿到成绩单以后，父母要和孩子对照着试卷，复盘本次考试，总结经验。

对话示范如下。

"涵涵，这次期末考试，你觉得自己做得好的地方在哪里？有待提升的是什么？各说三点，总结一下。"

"妈妈，我好的地方是：1. 语数英考前准备时间分配得不错，重点复了弱项数学。2. 考试紧张的时候，我用深呼吸法缓解了紧张的情绪。3. 考试时我前面答题的速度加快了，检查的时间比以前多了。

"有待提升的是：1. 审题方面，看题速度快，理解有失误。2. 有道题粗心，把答案抄错了，被扣分。3. 检查的时间还是不够，有一道题做错了，没检查出来。"

"涵涵，总结得非常好，建议你把这些内容写在期末考试总结记录表上，下次期末考试我们就会更有进步啦。"

期末考试总结记录表

考试收获 （三点）	1. 语数英考前准备时间分配得不错，重点复习了数学 2. 考试紧张的时候，我用深呼吸法缓解了紧张的情绪 3. 考试时我前面答题的速度加快了，检查的时间比以前多了

续表

有待提升的地方（三点）	1. 审题方面，看题速度快，理解有失误，以后要加强审题 2. 有道题粗心，把答案抄错了，被扣分，以后要加强答案的检查 3. 检查的时间还是不够，有一道题做错了，没检查出来，以后前面答题的速度要加快，要花时间认真检查

如果大部分考试能正常发挥，孩子对自己会有正确的学习评价，如果每一次考试间能通过复盘有所进步，孩子会逐渐拥有独立完善的自学能力。在这个瞬息万变的时代，我们父母能给孩子在这个社会生存的最宝贵财富，莫过于自学能力了。

3.5 如何应对学习专注力的第一杀手——电子产品

最好的让孩子摆脱对电子产品依赖的办法，就是父母的高质量陪伴。

🔴 父母忙，电视成了轩轩的"电子保姆"

一个周末上午，轩轩想看电视，他对妈妈说："妈妈，我想看一会儿动画片。"妈妈同意了，和轩轩约定看30

分钟，然后妈妈去书房忙自己的工作。

30 分钟时间到了，妈妈还没完成工作，心想就让轩轩看吧，省得影响自己。轩轩被动画片吸引，也没想关电视。

过了一小时，轩轩妈妈才想起来，就让轩轩关电视。这种情况在轩轩家发生了很多次。后来每次看电视，轩轩都很难按照约定的时间去关电视，因为他认为和妈妈约定的时间不一定要遵守。

当孩子哭闹的时候，父母忙的时候，什么方法最好使？当然是——电视、手机和 iPad！很多家长习惯性地直接把手机扔给孩子，例如常常会出现以下几种情况。

- 孩子有情绪的时候，给孩子手机玩。

- 家长忙的时候，让孩子玩电脑，清静一会儿。

- 有的家长教孩子一起玩游戏。

这样一来，电子产品成了孩子的"保姆"。现在很多小孩玩手机比大人还熟练，玩的游戏连家长都不知道，电子产品成为孩子逃避困难、获得娱乐的主要方式。曾有报道指出，过小的孩子长期接触电子产品。比如手机、平板电脑、电视，会变得更冲动以及缺乏自制能力，多表现为情绪变化大，暴躁易发脾气。

一旦孩子陷入游戏的世界，就很难真正认识现实世界，会导致认知力延迟、学习能力下降，思考能力、情绪处理能力以及社交能力都会受影响。

很多父母都有过轩轩妈妈的困惑：孩子痴迷电子产品，一玩游戏就眉飞色舞，非常开心，可是一提醒孩子该学习和做作业，孩子就无精打采，不高兴。父母觉得自己该说也说了，该训也训了，孩子却没有实质的变化，很是头疼和烦恼，不知如何是好。

因此，针对3岁以下的孩子，家长尽量不要在孩子面前经常看手机，更不要把玩手机当作奖励。孩子到了3～6岁，应该学会手机的正常使用，比如拨打爸爸妈妈的电话号码，和爸爸妈妈进行视频或语音通话，遇到危险或者走丢了可以借手机找到爸妈。

针对6～12岁的孩子，需要重点和孩子沟通电子产品的正确用途——电子产品是为我们美好生活服务的工具，我们不应该被工具绑架。孩子有的作业需要用电脑搜索资料，有时候需要用平板电脑看电视节目，有时候需要用手机联系同学，但不管是看电视还是上网，都需要和孩子约定时间和规则。

和孩子签订"游戏协议"，全家都要遵守

电子产品让很多孩子痴迷，耽误了学习，但不可否认，电子产品也有积极的一面。父母在和孩子沟通的过程中，也不要把电子产品说得一无是处，让孩子产生逆反心理。

从孩子开始使用电子产品起，父母就要和孩子做好提前约定。

比如，天天爸爸在送孩子电脑前，应该提前和孩子约定使用的要求。例如：

- 每天最多可以使用电脑 30 分钟。

- 不能在用餐和学习的时候上网。

- 不能在卧室玩，只能在客厅使用。

- 设置开机密码，用的时候要征得父母的同意。

- 如果出现违约，减少一次使用权。

- 如果一周坚持履约，可以奖励周末外出看一次电影。

父母要把和孩子的约定做成一份"电子产品使用协议"，并贴在孩子卧室或者客厅等显眼的位置，便于监督。

执行约定的过程中，以下是建议父母和孩子对话的示范。

比如孩子说："爸爸，我要开始使用电脑了。"

这时，父母可以说："好的，我现在打开电脑。现在是晚上 6:00，6:30 结束，你来摁一下计时器的开始键。"

约定的时间到了，你要严格执行。如果孩子能够信守承诺，准时关电脑，你要及时鼓励孩子，强化孩子的好行为。孩子长期在规定的时间内使用电子产品，就会养成自我管理的好习惯。如果孩子很难从电子产品中脱身，即使孩子哭闹，你也要及时停止电子产品的使用，态度要温和而坚持，孩子知道父母的原则不会因为他的哭闹而被动摇，就会慢慢适应。过程中，切忌失去理智，使用愤怒的情绪去责骂孩子，让孩子产生抵触情绪，与你的关系渐行渐远，以后沟通起来就会更困难。

特别提醒，父母遵守约定和以身作则是最关键和重要的，有些父母自己沉迷手机，爱追剧、玩游戏和网购，却叫孩子专心学习，这样会让孩子产生抵触情绪，不愿意执行约定。所以要想营造一个健康的家庭环境，想让孩子怎样，家长也需要给孩子树立榜样。

当孩子在网络上搜索作业答案的时候，家长需要引导。一方面接纳孩子遇到困难会找办法解决的能力，其次是，提问说，现在搜到了答案，考试的时候怎么办呢？有时候实在不会可以搜索答案，但是建议孩子明白答案后自己重新做一遍，下次再遇到同类题目时就会做了。而不是很直接地责备孩子。

如果父母都不能遵守协议，找各种借口自圆其说，孩子也会破坏协议，造成规则很难实行。

前三次违约时父母的态度最重要：温和地坚持

爸爸去年年底送给牛牛的生日礼物是一台笔记本电脑。现在是网络时代，一些网上学习方式非常流行，牛牛爸爸乐观地想，这台电脑就像是给孩子打开了一个崭新的世界。

从那以后，牛牛每天放学，一进家门，就迫不及待地跑到房间里打开电脑。

妈妈做好饭叫他："牛牛，饭做好了，过来吃饭吧！"

"马上，马上。"牛牛嘴上答应着妈妈，眼睛和身体都舍不得离开电脑屏幕。

过了一会儿，爸爸下班回来了，喊牛牛："牛牛，怎么回事？妈妈饭做好了，你还没有上桌？"

"马上，马上。"牛牛嘴上答应着爸爸，眼睛和身体都依然舍不得离开电脑屏幕。

爸爸生气了，快步走到牛牛的房间，"咔嚓"一下把电脑的电源关闭了。

"怎么回事？你说了几遍马上马上？马死在路上了？"牛牛爸爸生气极了，咆哮起来。

"没有征求我的同意，你怎么关我的电脑？资料我还没存呢？"牛牛也生气地大喊、抗议。

"你以为我看不见？说是拿来查资料，其实是在上网玩游戏，和别人聊天。自从有了这台电脑，这学期你的成绩退步了很多，老师找了我们好几次，我真后悔给你买电脑！"一想到因为这台电脑孩子成绩下降，牛牛爸爸就后悔不已。

随着孩子年龄的增长，很多家长会给孩子买电脑，

父母在给孩子电脑时，首先要和孩子签订"电子产品使用协议"，其中很重要的细节就是，电脑要放在客厅，同时需要接受父母的监督。

如果孩子违约，父母的态度也非常重要。父母要尽量情绪不失控，做到温和地坚持，过程中可以严厉，但不要暴跳如雷。

如果遇到孩子违约的情况，前三次父母能做到温和地坚持，孩子就会逐步按照协议的约定来执行。

高质量的陪伴是战胜电子产品的终极武器

遇到对电子产品比较依赖的孩子，很多家长就会比较焦虑和担心，觉得会影响学习，所以会下意识地督促孩子学习，进行批评和说教，但是这个时候孩子往往会更加叛逆，因为他们觉得没有被理解，对自己更加失望，所以反而会破罐子破摔，干脆更加依赖游戏，去逃避压力和困难。

一旦孩子沉迷于电子游戏，家长需要更加关注孩子的内心需要，不要直接批评，在理解的基础上去引导。一方面，其他孩子或多或少都会使用电子产品，如果我们的孩子一点儿都不懂，和其他孩子没有共同语言，很容易被冷落或者受排挤。孩子也有和朋友沟通以及玩一些热门游戏的需要。所以说，电子产品也有积极的一面，是一个工具。父母在和孩子的沟通过程中，不要把网络和手机说得一无是处，让孩子产生逆反心理。

另一方面，接纳和理解孩子玩手机后，需要引导孩子学会自控和把握时间。很多时候不是孩子爱玩手机，而是因为没有其他的事情可以做，缺乏父母的陪伴和好朋友的交流，所以才沉迷网络，在虚拟世界交友和娱乐。

所以，父母需要花更多的时间陪伴孩子，多和孩子互动交流，同时培养孩子的其他兴趣爱好，比如运动、阅读、旅游等，用这些方式代替电子产品。

如果孩子能得到父母高质量的陪伴以及拥有充实丰富的生活，沉迷电子产品的时间才会真正减少。

巧用电子产品，提升时间管理效能

孩子天然喜欢模仿成人。现代社会，大家根本就离不开电子产品，人们之间的大部分沟通和交流都是用手机和电脑完成的，出门可以不带钱包，不可以不带手机。孩子看到父母大多数时候是在用手机和电脑处理事情，也会对手机和电脑产生浓厚的兴趣。

"00后""10后"是网络一代，禁止他们使用电子产品是不现实的，甚至会导致他们与时代脱节。完全不懂电子产品的孩子和其他孩子没有共同语言，很容易被冷落或者受排挤。接下来我分享一些合理使用电子产品的方法。

（一）引导孩子"听书"，提升孩子的知识面

现在各大音频平台都推出了"听书"节目，可以通过听的方式来阅读。比如，我会经常让牛宝听《上下五千年》《世界五千年》《新概念英语》等，对于孩子历史、地理、语文、英语等知识的积累有很大的帮助。

父母可以给孩子下载一些"音频书"，和孩子约定好，起床时、睡觉前、在家里玩的时候等，都可以打开音频书，让孩子用耳朵遨游时空、增长见识。

（二）录制音频，提升孩子的表达力

父母可以使用手机里的音频录制工具，在喜马拉雅、荔枝、千聊等平台上，给孩子做一个电台，把孩子的唱歌、讲故事、朗诵都录制下来。

孩子对着手机往往比对着真人听众要更加放松，从小就练就"小电台主持人"的功力。而且这些录制的音频可以反复回听，可以分享出去，是孩子成长轨迹的珍

贵记录。

（三）看动画片学英语

父母可以定期给孩子看一些有趣的英文的经典原版动画片，提前约定好时间，比如一次 25 分钟左右，让孩子在看动画片的时间学英语。孩子对动画片感兴趣，就会容易接受英文这种语言。

（四）玩英语单词游戏，学单词

父母可以下载一些学习英文单词的软件，让孩子每天玩 15 分钟，这些软件都会设计游戏的形式，不知不觉中孩子就学会了很多英文单词。

父母要做的是，一定要把这个事情表述为"玩"而不是"学"，观察孩子的兴趣持续时间，每天学的时间不要长，贵在坚持。比如，牛牛爸爸每天就会安排牛牛用单词软件学习 10 ～ 15 分钟，经过长期的坚持，才上四年级的牛牛已经把小学的所有英文单词学完了，因为每天花的时间不长，牛牛没有觉得很辛苦，也没有产生逆反的情绪。

（五）财商教育：大富翁

家长可以先和孩子玩"大富翁"之类的游戏，从游戏中建立起对投资的初始印象，然后给孩子介绍简单的投资知识，培养孩子的财商。

（六）益智游戏：24 点数字游戏

家长可以和孩子玩 24 点的数学益智游戏，随机出现 4 个数字（0 ～ 13）通过加减乘除，使最终的结果是24。例如，数字 4、7、8、8，一种可能的解决办法如下：

$(7 - 8/8) \times 4 = 24$。

（七）工具 App：番茄时钟

参考 1.5 节的方法，父母可以下载一些工具类的 App，比如番茄时钟，和孩子用这个工具帮助孩子提升学习专注力和学习效率。

番茄时钟 App

小练习

和孩子签一个电子产品使用协议

电子产品使用协议

1. 每天可以使用电脑 / 手机 /iPad 的时间
   周一至周五：18:00 ~ 18:30
   周末、节假日：14:00 ~ 15:00
   特殊情况下可以调整时间，每天的总时长不变。
2. 使用电脑时，爸爸妈妈用计时器进行监督。
3. 电脑放在客厅。
4. 由爸爸妈妈设置开机密码，只有爸爸妈妈在家的时候，才可以使用电脑。
5. 不允许看"少儿不宜"的视频和网站。
6. 学习要求使用电脑完成作业的时间另算。
7. 如果孩子有一次不能遵守，就取消下一次的使用时间。
8. 其他约定另行补充。

使用人（签字）：　　　　　监督人（签字）：

到了约定时间，孩子不还手机怎么办

▲家长：我家孩子痴迷手机游戏，讲什么都没有用，约好的时间就是不遵守，好心烦！何老师，我们父母该如何与孩子沟通手机的使用呢？

■小英老师：孩子在提出想玩手机游戏的想法时，要想让孩子不沉迷，父母要做到以下几个方面。

第一：签订协议。

父母需要提前和孩子做好使用手机的约定，还需要和孩子一起讨论约定的细节，并签订"手机使用协议"。

比如，根据协议，父母和孩子约定好每天晚上做完作业可以看30分钟电视。父母就要拿出计时器和孩子确认，过程中，可以适当提醒1～2次。

第二：及时肯定。

时间到如果孩子遵守约定，父母要对孩子及时予以肯定。

如果孩子被手机游戏吸引，不遵守约定，父母要尽量温和地坚持，过程中，可以严厉，但不要情绪失控、暴跳如雷。

第三：在培养孩子习惯的过程中，面对孩子的哭闹和无理要求时，父母要坚持。

很多父母会因为孩子的长时间哭闹变得心烦意乱，为了尽快结束孩子的哭闹，很多父母会选择勉强顺从孩子的想法，不遵守事先的约定。孩子发现只要哭闹，和父母的约定是可以调整的，以后孩子就会使用哭闹的方法逼迫父母同意自己的要求。

但父母应注意，这种坚持不应该是强制性的，应该是温和的。孩子一次没做到没关系，但不能随意调整时间安排。

父母不遵守约定，没有原则，孩子就不会遵守约定。

如果父母有原则，遇到孩子耍赖时，父母尽量温和地坚持，等下一次孩子再遇到这种情况，就知道父母是有原则的，哭闹也没有用，哭闹的时间和次数就会逐步减少，这样一来，孩子就会养成遵守约定的好习惯。

第 4 章

坚持力：儿童时间管理训练的保障

PCP 儿童时间管理模型的右腰 "P" 代表 "坚持力"，时间管理能力不是短时间就可以培养好的，而是父母和孩子需要终身学习的功课，因此培养坚持力就显得尤为重要。

儿童时间管理的训练是一个长期的培养过程，通过本章的学习，父母将学会正确引导孩子长期坚持不懈，需要从情绪修炼、鼓励的方法、有效的批评、正确的奖励姿势、分清家长和孩子的责任等方面引导孩子养成坚持时间管理的好习惯。

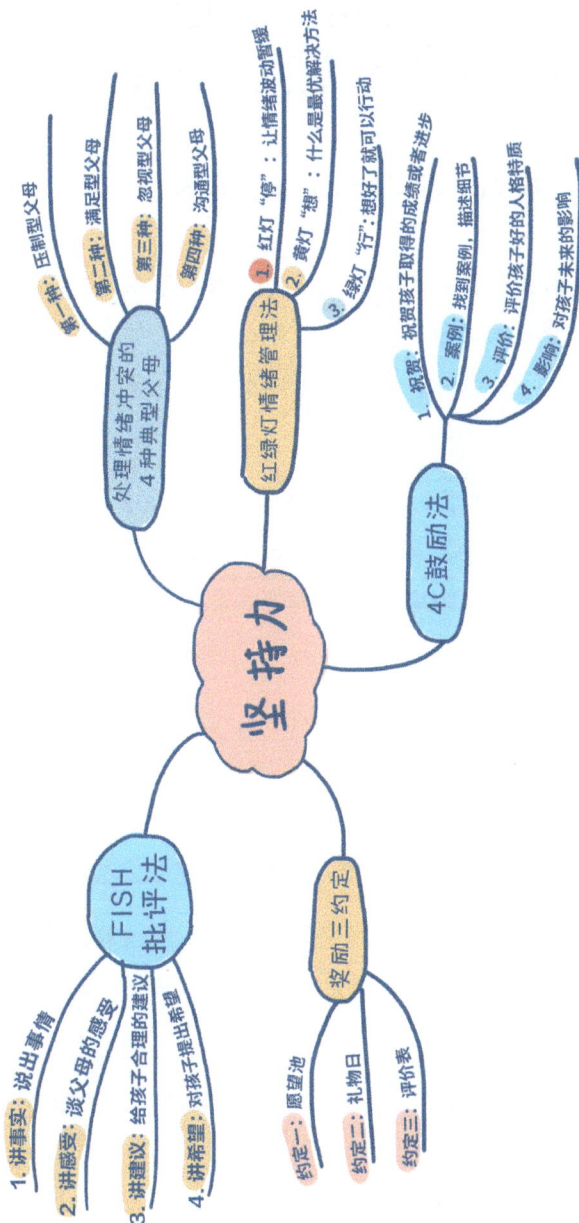

坚持力

处理情绪冲突的4种典型父母
- 第一种：压制型父母
- 第二种：满足型父母
- 第三种：忽视型父母
- 第四种：沟通型父母

红绿灯情绪管理法
- ① 红灯 "停"：让情绪波动暂缓
- ② 黄灯 "想"：什么是最优解决方法
- ③ 绿灯 "行"：想好了就可以行动

4C鼓励法
- 1. 祝贺：祝贺孩子取得的成绩或者进步
- 2. 案例：找到案例，描述细节
- 3. 评价：评价孩子好的人格特质
- 4. 影响：对孩子未来的影响

FISH批评法
- 1. 讲事实：说出事情
- 2. 讲感受：谈父母的感受
- 3. 讲建议：给孩子合理的建议
- 4. 讲希望：对孩子提出希望

奖励三约定
- 约定一：愿望池
- 约定二：礼物日
- 约定三：评价表

4.1 唯有坚持：才能让孩子的时间管理能力从量变到质变

孩子时间管理能力的培养是谁的责任

很多家长经常向我抱怨："我们家孩子从小是老人帮忙带大的，学习习惯非常不好。每天孩子放学，老人辅导孩子做作业，都大吼大叫的。我也不知该如何与老人沟通。"

还有的家长说："我们家老人不会辅导孩子做作业，每次都是我们下班以后，匆忙吃几口饭，就开始辅导孩子做作业。我们家的老人如果能在做作业方面帮上忙，该多好啊！"

每次遇到家长对老人的抱怨，我都会告诉这些家长，老人帮着照顾孩子，已经很不容易了，我们首先要感恩老人放弃晚年的自由时光，帮助我们照顾孩子。而且，老人不是万能的，又能照顾孩子又能辅导孩子太难兼顾了。

在孩子学习和时间管理能力方面的培养，第一责任人是父母，老人只能辅助，父母不应该把"难题"推给老人。

并且，孩子时间管理能力的培养是一个长期的过程，需要父母和孩子有足够的耐心和毅力去坚持。在培养孩子坚持力的过程中，父母需要了解时间管理训练的 3 个特点。

长期性：时间管理能力的培养是一个长期过程

对于很多孩子来说，刚开始，他们可能无法理解坚持的作用和意义，父母可以让孩子从每天坚持完成一个小任务做起。父母要深刻认识到，使孩子时间管理能力从"量变到质变"的关键在于"坚持"，从孩子能力培养到习惯养成的关键也是"坚持"。如果孩子也能意识到这一点，并且体会到价值和收获，孩子就会更乐意坚持，做到良性循环。

从 6 岁起，牛宝就报名参加了一个英语绘本朗读的学习群，每天晚上模仿外教的朗读进行跟读学习，学完以后录制音频发到群里进行打卡，每天大概要花 15 ~ 20 分钟时间。群里有 300 多位孩子参与，每套绘本真正能坚持下来的孩子不到 10%。

牛宝持续参与这个英文朗读活动已经 4 年，从没有落过一篇。经过长期的英语朗读训练，牛宝的英语成绩一直很优异，在班里也表现突出，还被英语老师邀请做年级英语歌曲大赛的主持人。

多让孩子体验成功的滋味，会让孩子更乐意去坚持！

这段学英语的经历让牛宝意识到坚持的意义和收获。

后来，牛宝每天会坚持做 20 道口算，学 20 个英语单词，练习 40 分钟小提琴，听 20 分钟的历史音频故事。这些都是他每天坚持必做的功课，而且他在这几个项目上都取得了比较突出的成绩，这又促使他更有动力去坚持。

反复性：时间管理能力有时候会倒退

在培养孩子时间管理的过程中，父母可能会发现一个问题，就是孩子 9 岁以前，如果父母陪伴孩子学习的时间比较多，孩子的时间管理能力基本可以达标。一旦父母觉得孩子长大了，可以减少陪伴，放手让孩子自主学习，会发现孩子的时间管理能力出现比较明显的"退步"，还是管理不好自己的时间，该怎么办呢？

著名心理学家西格蒙特·弗洛伊德指出，人的心理发展到某个阶段时，可能因为恐惧而倒退到早期阶段。倒退是不能应对现实的挑战，是对现实的逃避。

首先，父母要理解，孩子时间管理能力倒退是正常的现象。心理学家认为，能力倒退，其实是孩子一种特殊的心理状态，是孩子依赖性情感的一种表现，偶尔或者一段时间内出现这种情况是很正常的。

有父母的监督和提醒，孩子在执行学习计划时会比较顺利，一旦父母监督减少，孩子暂时不适应，时间管理能力倒退是正常现象，父母首先要予以理解。

其次，环境的改变也会造成孩子时间管理能力的倒退。比如有些孩子在家学习习惯不错，但是寒暑假期间在爷爷奶奶或者外公外婆家过了一段时间，因为习惯被破坏，重新返回家时，也会出现一段时间的能力倒退。建议孩子回家以后，父母要和孩子重新沟通和约定学习计划，并做好监督。

另外，父母对孩子的陪伴和监督需要逐步放手。父母放手不要太快，需要提前和孩子做好约定，比如父母会逐步减少陪伴孩子学习的时间，确定主要的监督时间点，让孩子做好心理准备，保证学习计划的完成，并建立责任心。这样一来，就可以继续保持孩子的时间管理能力。

互动性：亲子互动好，孩子更乐意坚持

要想让孩子乐意做好时间管理，父母需要做好与孩子的互动沟通，以下有 3 点沟通的注意事项，需要父母了解并掌握。

首先是父母需要做好情绪管理。

关于时间管理的践行，刚刚开始实施的时候，孩子和家长都觉得新鲜；但时间长了，要不断坚持，并成为习惯，其实家长都不一定能做到。在这个过程中，父母和孩子的互动沟通，会因为各种各样的原因着急上火，

所以，想要提升孩子时间管理的坚持力，首先需要父母做好情绪管理。

如果父母不能管理好自己的情绪，在时间管理的实施中就很容易和孩子产生冲突，导致亲子关系恶化，孩子逆反情绪也会加重。

大多数时候，孩子认同父母提出的时间管理方法，但不认可父母与孩子沟通时情绪失控的状态，会产生逆反心态，出现不配合的表现。所以父母在和孩子沟通时，特别要注意情绪管理。

其次是父母需要掌握批评的艺术。

当孩子难以坚持，时间管理能力不足、效果不好时，家长难免会批评孩子。父母要特别注意，批评孩子的目的不是要发泄情绪，而是要让孩子意识到错误的地方，接受父母的建议，积累经验。

在批评孩子时，父母可以严厉，但情绪和言语不要失控。

有时候父母批评孩子没有产生效果，是因为虽然孩子认为父母说的是对的，但是非常不认同父母批评的方式方法，产生逆反心理，不愿意按照父母的要求做。

父母在批评孩子时，可以对孩子的行为进行批评，指出哪些地方没有做好，但不要在后面加上过于责备的语言，比如："这次考试考不好，你太笨了。""你怎么一点儿计划性都没有？""你太磨蹭了"……这些内容就涉及批评孩子的人格特质，不但让孩子对自己没有信心，还会让亲子关系变差。

最后是父母需要掌握鼓励的技巧。

要想让孩子坚持时间管理的训练，父母的鼓励非常重要。

父母可以鼓励孩子的行为细节以及人格特质，而不是泛泛地表扬"太棒了，太牛了，你太聪明了"。可以这样对孩子说："你这次考试取得比较好的成绩，和你之前认真准备、做好时间管理以及努力的过程是分不开的，妈妈为你感到高兴。"

关于如何做好与孩子的亲子沟通，让孩子乐意坚持，本章后面几节会详细讲具体的方法。父母在训练孩子时间管理能力的过程中，要做好情绪管理，掌握批评的艺术和鼓励的技巧，因为良好的亲子关系对于孩子长期进行时间管理特别重要，父母一定要特别重视。

4.2　培养孩子的坚持力，家长要进行情绪修炼

做家长的都一样，在教孩子做时间管理的过程中要掉入的坑一个都少不了，掉入坑中时产生的负面情绪谁也逃不掉，但是如何对抗负面情绪，决定了你的孩子能不能坚持配合。

谁的妈妈更凶

菲菲和好朋友佳佳在一起玩时，经常会吐槽，讨论谁的妈妈凶。

菲菲说："我做作业只要慢一些，妈妈就马上发火，如果做错了，她能叨叨一小时，我妈妈肯定比你妈妈凶。"

佳佳说："唉，我也好惨，明明是 A 这件事，我妈妈能一直说到几年前 B 那件事。如果我不会的题目多问她两次，她就能发飙，搞得我都不想和我妈妈多说话。我妈肯定比你妈妈爱发脾气，更凶。"

很多父母看到孩子学习进步慢，老犯同样的错误，很容易产生愤怒的情绪。往往是孩子还没觉得怎样，结果父母先急躁起来。如果父母管理不好自己的情绪，就会容易和孩子产生冲突，不但影响亲子关系，还影响孩子的学习状态。

我发现在训练孩子时间管理的过程中，很多家长都会觉得自己教的方法明明是对的，也和颜悦色和孩子沟通，但孩子却还是不听，不配合，所以当孩子一而再、

再而三地拖延时，很多家长都会忍不住发脾气。有的家长说："每次吼完孩子都感觉胸闷头痛，等孩子哭完后自己也觉得内疚，然而第二天这种情况还是会继续。"

有的家长还说："人生大风大浪都经历了，一到陪孩子写作业，才知道前面的都是和风细雨！"

你是不是也有类似的感受呢？

你可能不知道，时间管理不好，孩子感受到的挫败一分一毫都不会比你少。家长一发脾气，孩子的挫败感甚至成倍增加。

很多家长都容易忽略重要的一点：教育好孩子的前提，是先要照顾好自己。因为现在的你隐藏着孩子未来的模样。孩子是家庭的镜子，当你面对孩子失控的时候，孩子也会变得越来越像你。

学会管理自己的情绪，是每位父母的必修课，也是让孩子受益一生的能力。

处理情绪冲突的 4 种典型父母

过了晚上约定的睡觉时间，轩轩坚持要把奥数作业做完再睡。今天的题目特别难，轩轩自己解不出来，爸爸妈妈看了也都束手无策。爸爸妈妈说还是睡觉吧，催了好几次，轩轩又困又着急，情绪激动地大哭起来。如果你是轩轩的爸爸妈妈，你会怎么做呢？

第一种，"说好了 9:30 睡觉，现在已经 10:00 了！不管你怎么哭，不许再胡闹了！现在立即马上给我上床睡觉！再不睡，信不信我揍你？"爸爸生气地训斥轩轩，一副要揍孩子的架势。结果轩轩哭得更伤心了。

第二种，"好了好了别哭了，你哭得妈妈心都要碎了。那你就慢慢做完再睡吧。"妈妈看到孩子大哭，赶快跑来安慰轩轩。

第三种，看到轩轩大哭，爸爸妈妈对他的情绪不予理睬，只是说，"这个题目做不出来没什么，明天等老师讲一下就好了。哭有什么用呢？赶紧准备睡觉，不然明天起不来了。"

第四种，"轩轩，妈妈理解你，你哭是因为想把老师的作业做好对不对？现在好像还差最后一个步骤了，我陪你看看 10 分钟能不能做完？如果不可以的话，我们明天早上提前半个小时起床，再试着解开题目好不好？有时候睡一觉精神更饱满，说不定有思路哦。你同意的话，明天就不可以赖床了，闹钟一响，你就要自己起来穿衣服、刷牙、洗脸，然后解题，好不好？"

以上是 4 种最常见的父母类型，他们在处理孩子负面情绪时会有各自的习惯性表现。

第一种是压制型父母，认为孩子哭闹的情绪是无理取闹，为了让孩子尽快结束哭闹，喜欢用"以怒制怒"的方式去压制孩子的负面情绪，甚至会动手教训，强压孩子服从。

压制型父母

第二种是满足型父母，非常在意孩子的情绪，不愿意让孩子不高兴，看到孩子大哭很心疼，想方设法满足孩子，尽快让孩子高兴起来。这会让孩子越来越难哄，很难有规则意识。

满足型父母

第三种是忽视型父母，不在意孩子的情绪状况，采取视而不见的方式冷落孩子，让孩子自行处理自己的情绪。这样的孩子往往会缺乏足够的安全感，认为父母不重视自己的感受。

忽视型父母

第四种是沟通型父母，能站在孩子的角度，理解孩子此刻为什么情绪激动，懂得要给予孩子足够的调节时间，帮助孩子尽快平复心情，再和孩子沟通解决方法，最后让孩子自愿地执行。这种沟通方式可能一开始看着很麻烦，但有利于真正解决问题，当父母控制住自己的情绪，孩子管理情绪的能力也会提高。

沟通型父母

沟通型父母最能控制自己的负面情绪，也最能应对孩子的负面情绪。

很多时候，我们的情绪被孩子的行为牵着走，一旦孩子表现不配合、爱拖延、喜欢顶嘴，我们总觉得是问题，于是家长都陷入焦虑情绪，对孩子态度也会有区别。

如果你学会控制自己的情绪，无论阴天晴天都是好天气，无论孩子拖延不拖延你都爱他，这样的亲子关系才是健康的。

涵涵妈妈工作了一天很疲惫，下班回到家，看到涵涵在沙发上看小说，很专注，都没有注意到妈妈进门。

涵涵妈妈问："涵涵，作业做了吗？"

涵涵正沉浸在小说的剧情里，一动不动的，头也没抬，不耐烦地对妈妈说："一会儿做，我先看一会儿书。"

妈妈听了非常生气，大声吼叫起来："你 4:00 就放学到家，现在都 6:00 了，你还没有做作业，这些小说有啥用，能帮你考高分吗？不是让你放学以后就要把作业做完吗！"说完，妈妈气愤地从涵涵手中把书拿走。

涵涵的书被妈妈拿走，又被妈妈严厉地批评，心里很生气很难过。他来到书桌前，翻开作业本，但就是没有心情做作业，开始发呆……

等涵涵妈妈冷静下来，发现虽然涵涵回到书桌前，但是心里还在生气，不想做作业。那么涵涵妈妈该如何做，才能让涵涵更乐意听进去她的建议呢？事实上，涵涵妈妈首先需要做好情绪管理。

红绿灯情绪管理法

关于情绪管理的红绿灯管理法，我在《不急不

吼 轻松养出好孩子》一书中也介绍过。这里我重点指出让该方法发挥效用的几个要点。

红绿灯法代表的是情绪管理的三个步骤：

1. "红灯"停；2. "黄灯"想；3. "绿灯"行。

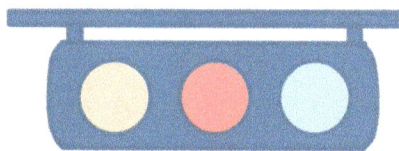

"红灯"停——情绪小怪兽，停下来

"红灯"停的意思是先让自己的行动暂时停下来，识别自己当下的情绪。运用深呼吸、数颜色或者数数等方法去平复自己的心情。

当涵涵妈妈累了一天下班回到家，看到涵涵在看书，不做作业，非常生气。涵涵妈妈这时要开始情绪管理的第一个步骤，让大脑里的"情绪小怪兽"停下来。

妈妈可以告诉涵涵："妈妈下班很累，看到你因为看书没有做作业，心里很生气，我先要调整一下心情，一会儿我们再沟通。"

涵涵妈妈可以尝试用"深呼吸法"平复自己的心情，这个方法非常简单实用，具体步骤如下。

● 吸气：用鼻子吸气，腹部鼓起来，想象着空气充满了腹部，持续 4 拍（每拍 1 秒左右）。

- 屏气：停止吸气，开始屏气 4 拍。

- 呼气：张开嘴，把腹部的气呼出去，呼气 4 拍。

可以反复多做几次，至少一分钟，保持节奏舒缓，注意呼吸的深度和程度，可以让激动的情绪慢慢平复下来。

"黄灯"想——情绪小怪兽，你想去哪儿呀

情绪管理的第二个步骤是"黄灯"想，意思是理智地思考问题，找出可供选择的解决方案。情绪波动逐渐缓慢下来，就可以理智地想问题：我为什么会生气？接下来我该做什么？我该如何改变此刻的心情？

在"想"的过程中，涵涵妈妈可以想：该用什么方法和涵涵沟通，可以让涵涵能不再因为看书而忘记做作业呢？这个过程中，涵涵妈妈可以多想几个方法。

"绿灯"行——用合适的方法解决问题

情绪管理的最后一个步骤是"绿灯"行，意思是按照选择的方法开始行动。涵涵妈妈在理智的状态下选出的沟通方式和解决方法会比较可行，孩子也会更乐意执行。

情绪是智力杀手，孩子有多大情绪，就会失去多少智商。

父母能教给孩子最大的本事，就是能管理自己的情绪。家长善于消化自己的负面情绪，孩子也更善于成长。

教孩子学会"说情绪"

父母要学会向孩子"说情绪"，说出自己此刻的心情，孩子就会理解父母。

例如，有时候我心情不好，生气想发脾气的时候，我就会告诉牛宝："牛宝，我现在心情不太好，特别想生气，我脑袋里的杏仁核（大脑的"情绪主管"）要爆发啦！现在的生气指数是8级（1～10级，10级最高），我需要冷静一下，请让我单独待一会儿，谢谢你！"

牛宝听完，就会给心情不好的我空间和时间，等我心情好一些再找我，从而避免了一场原本可能会发生的"情绪失控"和"又急又吼"。

慢慢地，牛宝就学会了，当家人或者朋友生气时，尽量不要去打搅和激怒对方，要让对方冷静下来以后再沟通。

这个方法非常实用，父母可以在生活中向孩子进行示范，一方面是管理自己的情绪，另外一方面是教孩子学会管理情绪。

父母情绪失控该如何解决

果果妈妈问："小英老师，我知道情绪管理很重要，但昨天果果姥姥生病了，我心情不好。刚好遇到了一些小事，就像导火索一样，我没有忍住，对果果大吼大叫。今天果果都不怎么和我说话，爱答不理的，我该怎么办呢？"

成年人的世界就像一条大船，有成千上万个可能漏水或出问题的地方，身体不适、工作难题、家人健康、财务紧张，一样样逼来，避无可避。当这里那里出了问题时，家长们的确容易控制不住自己的情绪。万一情绪失控，事后父母该如何处理呢？

如果孩子本身没有错误，父母冤枉和批评孩子，事后，要从两方面向孩子道歉：事实和情绪。比如："妈妈昨天不知道你已经做完作业了，以为你没做完作业就看电视，妈妈昨天错怪你了（事实）。昨天妈妈因为外婆生病，心情不好，情绪没管理好，冲你发火了，妈妈向你道歉（情绪）。以后妈妈会注意了解清楚以后再说话。"

如果是孩子有错，但父母批评孩子时情绪失控，说出一些失去理智、伤害孩子的话，事后，父母要向孩子就情绪这部分道歉。可以这样说："果果，昨天妈妈看见你作业没做完就看电视，很生气，情绪失控，说了一些不该说的话，妈妈向你道歉。以后，妈妈要注意情绪管理，你也要遵守我们的约定，好吗？"

父母向孩子真诚地道歉，孩子的逆反情绪至少会减少60%。

运用以上这些方法，可以减少孩子对父母的逆反情绪，但父母要特别注意尽量减少情绪失控的频率，减少对孩子的身心伤害。

小练习 🖊

教孩子辨识"情绪脸谱"

父母可以给孩子准备一个"情绪脸谱"，贴在家中醒目的位置。告诉孩子，当心情不好时，父母和孩子都可以指着情绪脸谱的位置，告诉对方此刻的心情。如果心情不好，可以告诉对方，自己需要空间安静一下，调整一下情绪。

4.3　4C 鼓励法：让小马驹坚持不懈成千里马

鼓励就像一把可以打开孩子潜能的钥匙，而这把钥匙就在家长手中。

孩子考得好，会鼓励的父母是怎么做的

三年级的牛牛期末英语考试考了 100 分，当他把这个好消息分享给家人时，全家都很开心，纷纷表达了对牛牛的祝贺。

爷爷说："我们家牛牛就是聪明，看吧，遗传我的好基因了吧！"

奶奶说："牛牛真棒！奶奶希望你英语每次都能拿100 分！"

爸爸说："不错哦，你们班有几个拿 100 分的？"

妈妈说："牛牛，祝贺你英语考了 100 分！这和你每天坚持做学习计划、每天坚持朗读英语绘本是分不开的。我们都觉得你是一个说到就能做到、能坚持的好孩子，妈妈要向你学习哦！"

以上是全家人对牛牛的各种鼓励，牛牛听会很开心。但如何更有效地鼓励孩子，才会对孩子的成长有促进呢？

孩子能否成长为千里马，家长的鼓励方式影响很大。

我们建议父母们用一个非常实用的 4C 鼓励法，运用这个方法，孩子不仅获得了鼓励，还强化了他获得好成绩背后的努力，而且获得了他人的欣赏，这种全方位的鼓励对孩子的影响是最深远的，会让孩子更自信。

定义：4C 鼓励法是什么

4C 鼓励法是父母培养自信孩子的一个非常实用的方法，它有以下 4 个步骤。父母可以经常运用 4C 鼓励法去鼓励孩子，孩子觉得自己是被父母认可和欣赏的，就会变得更有自信。

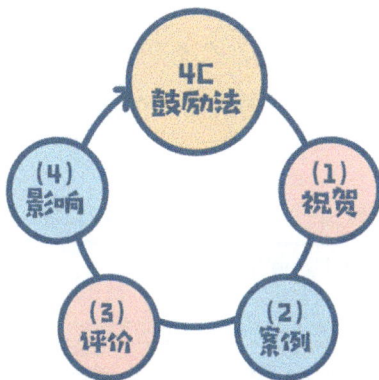

- 第一步，祝贺（Congratulations）：父母对孩子取得的进步或者好成绩表示祝贺。

- 第二步，案例（Case）：找到孩子进步的闪光案例，强化孩子的特点和优势。

- 第三步，评价（Comment）：对孩子进行人格特质的好评，增强孩子的自信心。

- 第四步，影响（Commitment）：说出对孩子未来的影响，让孩子充满希望和力量。

对于前面讲到的牛牛取得了好成绩，我们来看看父母如何运用 4C 鼓励法对孩子的进步进行鼓励。

第一步，祝贺——牛牛，这次期末考试，你的英语考得很好，妈妈祝贺你！

第二步，案例——妈妈发现你这次考试准备做得非常充分，错题集整理得也非常全面认真。而且你平时学习英语很勤奋，每天都会固定安排 20 分钟学习英语和朗读英文绘本，非常有毅力。

第三步，评价——妈妈觉得你是一个认真、勤奋、有毅力的孩子！

第四步，影响——你有兴趣，未来可以当翻译家，出国时可以给我们当向导哦！

这 4 个步骤连在一起的表述就是："牛牛，这次期末考试，你的英语考得很好，妈妈祝贺你！妈妈发现你这次考试准备做得非常充分，错题集整理得也非常全面认真。而且你平时学习英语也很勤奋，每天都会固定安排 20 分钟学习英语和朗读英文绘本，非常有毅力。妈妈觉得你是一个认真、勤奋、有毅力的孩子！未来你有兴趣，可以当翻译家，出国给我们当向导哦！"

孩子爱拖延有时候是因为不自信，怕做不好被批评。久而久之就容易破罐子破摔，你说你的，他口头上答应，却根本不去做。所以在执行计划的过程中，不管孩子做得怎么样，认可孩子愿意做的态度比评价孩子做的好坏更重要。

在日常生活中，父母可以运用 4C 鼓励法对孩子进行鼓励，让孩子知道父母对孩子的认可。3 ~ 12 岁孩子是喜欢通过外界对自己的评价来认可自己的，因此，父母一定要给予足够的鼓励，孩子才会建立足够的自信！

窍门：三分鼓励，一分批评

很多家长对孩子的优点或者闪光点视而不见，却很容易发现孩子的不足之处，一旦忍无可忍，不吼孩子说起来容易，做起来却很难。

有位妈妈向我表达了她的烦恼：

"我家儿子 13 岁，马上就要小学毕业了，成绩很差，各科都是全班倒数，怎么说也不听。在校老师也烦，去补习班老师也烦，父母在家也烦。我们两口子是做生意的，老是在外边，没有时间管他，他从小都关起门来自己在家玩具，就成这样了。我连心理医生都带他看过几次，一点儿用都没有。一想到他就头疼，一头疼我就吼他，吼了也没有效果。"

从这位妈妈的描述来看，妈妈对孩子的表现很不满意，评价孩子的时候都是负面评价，很少会找到孩子的闪光点。当我问家长孩子有没有什么优点或者闪光点时，这位妈妈想了很长时间，低下头，摇头叹气说："我怎么觉得这个孩子没有一点儿闪光点呢！"

在孩子的成长过程中，要想让孩子爱上学习，建立自信，父母对孩子的评价，鼓励比批评至少要多 1/3，但很多家庭的父母很难达到。

我经常会收到家长的求助："小英老师，我家孩子一点儿都没有自信，上台也不敢说话，急死人，怎么办？""小英老师，孩子对学习没兴趣，害怕去学校，害怕见老师和同学，怎么办？"

我仔细了解这些家长和孩子平时的沟通方式后发现，这些家长大部分都是习惯发现孩子的"不足"，对孩子以批评为主，很少鼓励。时间一长，孩子会觉得因为学习经常被父母批评，学习是痛苦的事情，就会没有兴趣。

对于 3 ~ 12 岁的孩子，培养孩子对学习的兴趣比他们成绩优异更重要！因此，父母对孩子要三分鼓励、一分批评。

示范：发现和鼓励孩子的闪光点

孩子学习任务安排得越多，越需要家长的鼓励，不然孩子会觉得自己变成了一台机器，只是被用来完成任务，没有兴趣和动力去执行，所以陪伴和鼓励的过程很重要，但是鼓励也需要技巧。

对于孩子来说，如果只有取得让父母满意的学习成绩才值得鼓励，那么要得到这个结果很不容易，因为第一名只有一个。但是在努力获得第一名的过程中，孩子的成长和进步却有很多，如果你每次都能看到孩子的闪光点，给出真心的认可和鼓励，孩子就会觉得自己的努力是有意义的。

例如，这次期末，轩轩的英语成绩 93 分，比上学期期末提高了 5 分。父母该如何正确鼓励孩子呢？以下是错误示范和正确示范。

错误示范

"轩轩，你的英语才考 93 分，我听说你们班同学达到 95 分以上的有十多个呀！"

"爸爸，老师夸我比上次进步了。"

223

"还是不够，至少得考 98 分以上，最好是 100 分，才算考得好！"

正确示范

✓ 鼓励细节

"轩轩，这次你的英语成绩进步了 5 分，真不错！这次为什么进步这么大呢？是不是和你这学期每天认真预习和复习，还制作了错题集有很大的关系？"

"是的，妈妈，这次我终于做对了以前老做错的题，真的好开心！"

"太好啦，咱们有机会还可以再讨论一下，如何运用这个方法进来提升你的英语成绩哦。"

"好的。"

对孩子的进步，父母不要只给予泛泛的表扬，比如说："你真棒！""你真聪明！""你太厉害了！"而是要善于发现孩子值得鼓励的细节，进而强化孩子的行为。

✓ 鼓励进步

"轩轩，老师说你上课注意力越来越集中，很少和同桌讲话了，也能跟上老师的讲解思路了。而且你现在可以不用妈妈提醒，就能按照时间计划表完成作业，真的很不错哟！"

✓　鼓励态度

"轩轩，这道英语看图写话有点儿难，你花了 10 分钟时间去思考，写得非常认真，好赞！"

✓　行为鼓励

除了鼓励的语言，父母在和孩子沟通时，可以拍拍孩子的背，或者摸摸孩子的脑袋，微笑地看着孩子的眼睛，经常让孩子感受到我们对他的信任和支持，孩子在学业上也会更出色。

小英老师在线

孩子学习成绩一般，我该如何鼓励孩子

▲家长：我家孩子今年上六年级，学习不是很主动，但是成绩不算太差。我自己是老师，同事的孩子都比较优秀，我经常担心孩子学习方面的问题，会把自己的孩子和同事的孩子作比较，知道这样做不对，但还是忍不住。有时候都不知道该用什么标准来要求孩子。

■小英老师：作为老师，对于自己的孩子，会特别看重学业，也很看重别人的评价，担心别人在背后说："她是老师，她孩子的学业也是一般般吧？"在大部分人的眼里，老师的孩子学习怎么可以不好？嗯，压力确实不小。

我特别理解这位家长。就拿我自己来说，我原来是大学老师，现在是亲子教育专家，我也很看重孩子的学业成绩，但是我更看重孩子是否保持对学习的兴趣。

要想让孩子对学习有兴趣，父母平时的沟通方式非常重要。如果我们总是说："这么简单的题都不会，你太笨了！""你怎么这么慢，再这样你就考不上好中学了！""赶快把这个作

业做完，后面还有很多作业等着你呢！" 孩子怎么会爱上学习呢？

如果父母总是对孩子的学习不满意，孩子就会对学习失去兴趣，觉得学习是一件很痛苦的事情。

父母只有采取良好的沟通方式，发现孩子的优势和闪光点，多鼓励孩子，并且教会孩子在遇到困难时该采用什么解决方法，孩子的学业才会保持比较好的状态。

因此，孩子的成长比成绩更重要。

要想让孩子热爱学习，父母与孩子的沟通特别重要。当孩子成绩下降、学习困难时，父母不应该以指责为主，而应该问孩子，有没有遇到什么困难，有没有需要父母帮助的地方，让孩子觉得父母是可以信赖的人，更容易有安全感，就愿意投入学习中去。

除了鼓励孩子，父母还可以培养孩子遇到学业困难时，用乐观心态去应对，因为乐观有助于提高孩子的学习成绩，乐观的孩子身心会更健康。

教孩子乐观非常重要，乐观可以帮助我们成年人和孩子学会应对自己的悲观情绪，而不是陷入悲观的情绪无法自拔，开始有勇气面对困难和挑战，找到最适合的方式解决。

4.4 FISH 批评法：让孩子持续改进

批评孩子的目的不是要宣泄父母的情绪，而是要帮助孩子认识到自己需要提升的地方，以及学会改进的方法。

😊 被妈妈批评后，佳佳伤心地哭了

期末考试前，数学老师布置了一张模拟试卷让同学们回家做，需要在 1 小时内做完。佳佳妈妈怕孩子不专心，就一直盯着她写，当佳佳遇到不会的题或者正在思考的时候，妈妈总是爱帮忙，很着急地说："你怎么连这道题都不会做，应该……"结果打断了孩子的思路，孩子很紧张，做得更慢了。

等 1 小时到了，妈妈说："时间到了，快把卷子交给我，我来改一下。"佳佳数学基础比较弱，加上妈妈在旁边不断纠错，后面的大题根本没时间做。佳佳请求妈妈说："妈妈，再给我半小时，我还有几道题没做完。"佳佳妈妈很生气地说："你怎么这么慢，和蜗牛的速度一样，还错了那么多！下周期末考试怎么办？谁叫你平时不好好学，现在着急了吧？"

　　被妈妈批评后的佳佳伤心地哭了，也没有心思继续做题了。佳佳妈妈消气以后，让佳佳继续写其他科的作业。可佳佳的心情和状态都不太好，其他作业也写得磨磨蹭蹭。

　　其实，我们做父母的很容易和案例中的妈妈一样，孩子不能在规定的时间内完成作业，或者错了太多，我们的第一反应总是脸色很难看，开口就说一些批评和指责的话，想要让孩子认识到自己的错误。

　　可是，对孩子来说，当他遇到困难的时候，他是最无助的——他既没有能力做到家长所期待的，又没有获得赋能继续挑战。

　　那么，当孩子作业做错了，或者是做题超过了时间，你该怎么和孩子沟通，孩子才会乐于接受你的建议呢？以下是促进孩子执行计划的几点经验。

定义：FISH 批评法是什么

　　"FISH 批评法"是一个简单、好记又实用的方法，它有以下 4 个步骤。父母运用这种方法去批评孩子，孩子会更容易接受，同时不会破坏亲子关系。

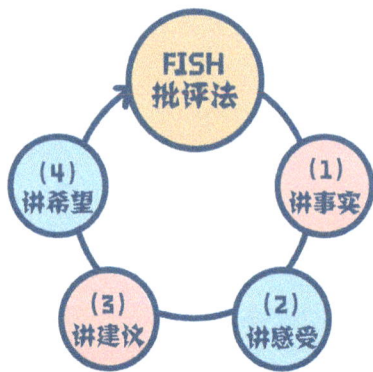

- 第一步，讲事实（Fact）：说出孩子存在的问题，让孩子及时发现。

- 第二步，讲感受（Impression）：说出这件事给父母带来的心理感受。

- 第三步，讲建议（Suggestion）：父母给孩子的建议，引导孩子意识到问题。

- 第四步，讲希望（Hope）：说出自己对孩子的希望，让孩子了解父母的想法。

父母可以尝试用这个批评公式，对孩子进行有效的批评，让孩子能接受，并且积极调整和改进。接下来，举个例子，看佳佳妈妈是如何使用 FISH 批评法的。上学期，佳佳考试前没有认真复习错题集，上课没认真听，期末考试成绩不太理想。

F：讲事实

"佳佳，这次考试前，你没有花足够的时间把错题集复习完，而这次考试你错的几道题就是错题集里的这几种类型，因为你没有复习完，影响了考试成绩。"

I：讲感受

"我觉得有些遗憾，如果你能复习完，考试结果会更好一些。"

S：讲建议

"我建议你以后考试前，一定要把错题集的题多复习几遍，把这些你经常错的题搞清楚，考试就会顺利很多。"

H：讲希望

"妈妈相信你，你在这方面会越做越好的！"

窍门：用建议的方法代替评价性的话语

完成一项任务之后，父母不要盯着孩子的问题不放，要少批评、多建议。

在沟通中要注意情绪和语气。这种话尽量少讲："上课时老师怎么讲的，怎么还是不会，这么没有记性？"

换一种说法："课上讲的大部分看来你都掌握了，

真的很不错。这 3 道题没有做对，我们一起来看一看这个题目考的是哪个知识点。把这几个错题掌握了，就当是查漏补缺，下次就不会错了。"

一个是评价性的语气，对孩子的能力进行定性；一个是建议性的语气，陪孩子用发展的眼光看待学习。

适当的、方式正确的批评是对孩子有帮助的，批评的时候要注意情绪的管理。但如果对孩子要求太高，盯得太紧，批评的次数太多，孩子就不会把你的批评当回事，反而会产生抵触和逆反的情绪。

雷区：切忌批评孩子的人格特质

父母可以对孩子的行为进行批评，指出哪些地方没有做好，但切忌后面加上批评孩子人格特质的语言。比如：

✗ "你真是个磨蹭孩子。"

✗ "做事一点儿计划性都没有，我觉得你没有救了！"

- ✘ "这么简单的考试你都考不好，你太笨了。"

- ✘ "你这样做太让我失望了。"

- ✘ "你怎么一点儿都不能理解爸爸妈妈。"

以上这些语言就容易涉及批评孩子的人格特质，让孩子觉得父母对自己很失望，就会没有信心，也不愿意按照父母的建议去改正，而且会让亲子关系变差。所以父母在批评孩子的过程中，不要图一时的嘴瘾，而伤害了孩子。

控制住：批评可以严厉，但情绪不要失控

很多时候，孩子明明知道父母的批评是对的，但为什么他们就是不改呢？

因为虽然批评的内容很对，但批评的方式不对，所以孩子被激起了防御心理。

孩子犯错了，父母有责任批评和管教，但怎样的批评才能既有作用，又不伤害孩子呢？父母在必要的时候，可以对孩子进行严厉的批评，但要注意把握"度"，情绪不要失控。

父母首先要做好情绪管理，当发现自己被孩子犯的错激怒的时候，先不要说话。可以告诉孩子："我对你

因为玩游戏超时、没有及时完成咱们约定的作业计划很生气。我需要冷静一下，再和你说话，你也想想以后该怎么做。"

可以提前告知孩子自己的心情，让孩子意识到自己错了，孩子也会花时间思考自己的错误行为，以及未来要做的调整。

父母可以回到自己的房间，运用呼吸法、数颜色法、数数法，让自己的情绪暂缓下来。等情绪缓解后，再去帮助孩子分析他存在的问题，以及教孩子解决的方法。

小练习

当结果不尽如人意时，学会和孩子说"我理解你"

孩子有时会说一些让父母不太高兴的话，比如早上该起床了，有时候孩子没睡够，说："我困，我还要睡！"

父母不太好的沟通方法是："谁叫你昨天晚上睡那么晚""快起来，天天磨磨蹭蹭的，烦死人""你困，我更困呢，我们天天早起做饭，你啥也不干，还好意思"……这种方法容易激怒孩子，让孩子不开心，产生逆反心理。

建议的沟通方式是："我理解你昨天晚上睡得有点儿晚，所以很困，真辛苦！""我再给你 1 分钟或者 2 分钟时间，你选一下，到时间你就得起床哦，否则，我就要掀被窝喽……哈哈哈""咱们抽空再把晚上睡觉的时间调整一下，你看晚上是 9:30 还是 9:45 睡？"

建议的沟通原则如下。

- 理解孩子，不激怒孩子。

- 征求孩子的意见，与孩子达成好的协议。

- 父母在执行过程中，尽量要温和地坚持。

- 如果需要批评，只批评行为，不批评孩子的人格特质（比如：你太差了、你太不认真、你太不懂事、你就是个磨蹭鬼……）

类似可以运用的场景如下。

当孩子说:"我不想上学了""我好讨厌做作业""这个老师真讨厌""XX同学真可恶""我不喜欢吃这个药"，等等。

小英老师在线

孩子被批评时爱顶嘴怎么办

▲家长：男孩6岁，一年级，性子执拗，遇到问题时爱推卸责任。比如孩子做数学题时，字写得比较潦草，经常会算错。他却说："我们班×××作业写得更不好呢，老师都批评他了，也没批评我。"你说一句，他还一句，有时顶嘴气得我真想打他，何老师，我该怎样才能让他意识到作业写得慢，并勇于承认呢？

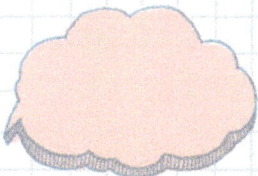

■小英老师：6岁孩子遇到问题喜欢推卸责任，一般来说是因为父母在孩子犯错误时常训斥孩子，孩子害怕被父母责备，就会采用逃避的方式。

针对这一类型的问题，我建议的做法是以下三步。

第一步：调整心情。

父母看到孩子做题错误百出，心情的确会不太好。但为了让孩子能够意识到问题的严重性，父母首先要做好情绪管理，调整心情，不要让情绪失控，用孩子能够接受的方式进行沟通。

第二步：理解孩子。

其次要对孩子因为害怕被批评所以推卸责任表示理解。可以这样与孩子沟通："我们理解你，因为害怕被我们责备，而没有告诉我们……"孩子其实知道自己有问题，如果父母用这种方法沟通，孩子的逆反情绪就会减少。

第三步：提出建议。

父母可以告诉孩子解决问题的具体建议，并提出对孩子的希望。

可以这样与孩子沟通："你在做数学题时，字写得有点儿潦草，你在计算时，会因为看错而计算错误。妈妈建议你将来做数学题时，要把字写清楚，就不会影响后面的计算，妈妈相信你下一次一定可以做得更好。"接下来，父母要给孩子示范，详细说明怎样写字是属于比较规范的方法。

通过以上三步沟通，孩子就会减少顶嘴，更乐意接受父母的建议。

4.5　3个奖励约定，让孩子更愿意坚持执行计划

有效的奖励方式不仅能激励孩子追求成功，还能让孩子获得自信心。

☺ 期末考试该不该给果果奖励

还有一周就期末考试了，爸爸发现果果没有花时间复习，心里有点儿着急。结果一问果果的复习计划，发现她总在讲条件，没有奖励就不愿意去做。

"果果，下周就期末考试了，你怎么不按照咱们约定的计划复习一下？"

"爸爸，我按计划复习有什么奖励呀？"

"复习好了就可以考出好成绩，好成绩就是最好的奖励呀！"

"没有奖励，考好有什么意义？你看涵涵考得好，爸爸妈妈都给奖励。"

"那你想要什么奖励呢？"

"我想要一个小马宝莉的玩偶。"

对于孩子的表现，是否应该用物质奖励呢？这是让很多父母感到困扰的一个问题。

心理学家雷珀曾经做过一个实验：找到一些喜欢绘画的孩子分为两组，对其中一组许诺"画得好就奖励"；对另一组则告诉他们"非常期待经常看到你们的作品"。

两个组的孩子都高兴地画画，前一组的孩子得到了奖品，后一组的孩子得到了赞赏。

三个星期以后，前一组的孩子兴趣明显降低，大多不情愿主动去绘画了；后一组的孩子却一如既往，兴致不减。这个实验曾反复进行多次，结果都是一样的。

物质奖励的刺激需要每一次都比前一次翻出新花样，否则很快就会让人进入倦怠期。

只有精神激励的刺激可以长久驱动一个人过关斩将，水滴石穿。

对孩子要多用精神激励，适当用物质奖励。

很多家长习惯了用物质的诱惑让孩子努力学习，所以就有各种激励，比如有的父母和孩子约定考 100 分给

100 元钱，90 分以上给 50 元，低于 90 分就没有激励。奖励有时可能是各种玩具，有时甚至是手机或者玩游戏的时间。

结果孩子养成了做任何事情都讨价还价的习惯，就不会觉得学习是自己的事情，长此以往，一旦孩子做不到，得不到奖励，干脆不好好学，反正也没有什么想要的了，或者是觉得要求太高，自己根本做不到。这样反而起到反作用了。

约定一：愿望池

父母对孩子的奖励方式有很多，一般可以分为三大类。

- 第一类：精神奖励，比如，欣赏的微笑、关注的眼神、真心的表扬、拥抱等，能让孩子感受到你的关注、鼓励和爱。

- 第二类：特权奖励，如去动物园、周末允许多看半小时电视、去麦当劳吃饭等。给孩子更多决策权，让孩子获得更多成就感。

- 第三类：物质奖励，如食品、礼物、拼图、书籍等。如果是给孩子零花钱，要和孩子约定钱的具体用法。

在使用奖励时，需要优先考虑精神奖励，其次是特权奖励，最后是物质奖励，还可以通过设立"礼物日"

和"愿望池"的方法进行。

在进行精神奖励的时候，不是仅仅一句话"你真棒，考了第一名"，而是需要对具体行为或品质进行表扬，真诚的称赞会给孩子动力，增强孩子的自信，让孩子获得成就感。

佳佳参加学校演讲比赛获得了二等奖。爸爸妈妈可以这样说："哇！祝贺佳佳！这么多选手参加比赛，获奖真不容易呀！"或者"你这次准备很充分，连续2周时间，每天都坚持练习1小时，你认真的劲头儿爸爸都好佩服！"

如果孩子没有获奖，你也可以鼓励孩子，比如："妈妈很开心看到你有勇气参加比赛，通过这次比赛，妈妈发现你的幽默感很强，下次如果再背得熟一点儿，也很有可能获奖呢。"

在孩子面临困难时，你的鼓励很重要，会让孩子获得内在的自信，尤其是对于本来成绩不太好的孩子，父母要注意不要太在意刚开始的结果，鼓励过程，孩子才有勇气继续。

父母教孩子建立愿望池，阶段性满足物质性奖励让孩子把希望得到的鼓励、特权活动、礼物等放到愿望池里，并制订礼物的等级和实现的规则。

以下是佳佳的愿望池，佳佳的爸爸妈妈和她一起做了等级分类。

一星级礼物：小马宝莉的玩偶、看 30 分钟电视、买书、参观科技馆或博物馆等（1 ~ 2 周一次机会）。

二星级礼物：去游乐场、吃一次比萨、买拼装玩具等（1 ~ 2 月有一次机会，月末评估，选择礼物）。

三星级礼物：去迪士尼游乐场或者外地旅游等（一年有一次机会）。

约定二：礼物日

和孩子约定完愿望池，接下来就要和孩子约定奖励的时间，增强仪式感。

比如每周日晚上，可以和孩子约定下周的计划，孩子可以选择下周的愿望礼物。要求是孩子能坚持 1 周按时起床，或者是 1 周内父母不提醒，孩子能够自己坚持执行时间计划，或者是做到看电视半小时就停止，不拖延。

总之刚开始可以选一个孩子比较容易做到的小点，一周一个小任务，给一星级的礼物，督促孩子执行时间计划。

如果孩子能够坚持 4 周执行学习计划，不看执行的质量，只要孩子愿意坚持，就可以为他实现一个二星级的愿望，1 ~ 2 个月的时间内可以满足一个这样的愿望。

如果有重大表现的话，比如做到了弱势科目的成绩提升 20 分、小提琴比赛获奖、参加了英语竞赛等大一些的项目，就给予三星级的奖励，父母可以弱化成绩，重点是对孩子努力的过程给予认可，慢慢培养孩子自我激励的习惯。

对孩子的奖励不要随时实现，要和孩子约定时间，让孩子学会延迟满足，孩子才会更加珍惜。可以约定礼物日，比如孩子的生日、"六·一"节、圣诞节、新年、春节，甚至是爸爸妈妈的生日等特殊的日子，让孩子在收到礼物的同时，感知礼物背后的努力和坚持的重要意义。

比如孩子过 6 岁生日的时候带他去看海；12 岁生日的时候带他参观理想中的大学；18 岁生日的时候让他拥有一套正装衣服，总之，在关键的时间，要准备有特殊意义的礼物，增强仪式感，在实现孩子愿望的时候，也能强化时间的意义以及亲子关系。

当然，对于年龄较小的孩子，建议父母可以用奖励等级来代替惩罚，这样孩子才会更有动力去自我激励，自我挑战。

约定三：评价表

在每次礼物日来临前，父母可以根据孩子的每日安排、每月安排以及学业成绩等综合因素，在综合评价表上打分，孩子自评和父母评分的平均分为最后的分数，100 分制。

95 分以上，得三星级礼物。如果三星级礼物已经使用完，可以挑选二星级礼物。

90 分以上，得二星级礼物。如果已经使用完，可以挑选三星级礼物。

80 分以上，得一星级礼物。

79 分以下，没有礼物。

以下是佳佳和爸爸妈妈设计的评价表。

序号	项目	打分
1	每日安排完成情况（15分）	
2	每周安排完成情况（15分）	
3	每月安排完成情况（15分）	
4	每学期安排完成情况（15分）	
5	学业成绩（15分）	
6	体育锻炼（15分）	
7	家务完成情况（10分）	
	总分	
	打分人	

小练习

和孩子一起制订"奖励三约定"

关注"妈妈点赞"微信公众号，下载评价表模板，对孩子的表现打分，并与孩子一起制订礼物日和愿望池的具体细节。

4.6 哪些事情父母要坚持管，哪些要放手

> 时间是世界上一切成就的土壤。时间给空想者痛苦，给创造者幸福。
>
> —— 麦金西

3种父母：放养、严管、有效授权

我们训练孩子时间管理能力最主要的目的，是让孩子从被要求发展到自我管理。说到自我管理，想必这是每个家长梦寐以求的事情，孩子自觉搞定一切，自己就可以放心做个甩手爸妈。

对于孩子的自我管理，在生活中有以下这3种类型的父母。

第一种是保持"放养"的态度，只要孩子没有大问题，开心就好。

第二种是"严管"，对孩子管得很严格，事事都会为孩子做详细的考虑。

第三种是"有效授权"，这是最理想的状态，那就是该管的管，不该管的睁一只眼闭一只眼，孩子自己能抓重点，不让父母操心。

怎样实现这种最理想的状态呢？

很多家长学习了儿童时间管理的一些方法以后，会引导孩子进行实践，教孩子使用这些方法。开始时行动力比较强，但过了一段时间，就会慢慢坚持不下去了。

这其中的原因很多，比如训练孩子时方法运用得不恰当、缺乏监督、父母容易情绪失控、亲子沟通不好等，很多问题其实都出在父母的沟通风格上。

说到亲子沟通，换个角度去看，生活中大部分的妈妈都属于第二种，管得太多，孩子觉得唠叨，时间久了就"免疫"了。大部分的爸爸属于第一种，在教育孩子方面很少参与，对孩子采用放养的态度。有时候管得少的爸爸在关键的时候，说的话比唠叨的妈妈更容易起作用，因为相对来说，爸爸更有权威感，不管则已，一管孩子还是比较愿意听的。

让孩子自我管理的关键，是家长找到管和放手的界限，有意识、有计划地培养孩子分辨与选择的能力。同样的道理，让孩子掌握管理时间的关键，是在大方向上给孩子建议，在小细节上放手给孩子自由，最终让孩子

自己学会抓重点，能判断。那么，在生活中父母该如何去管和放手呢？接下来分享 4 个需要父母特别注意的事项。

家长必须管：确定规则和界限

对于孩子学习、休闲时间的安排，早期父母能够立好规矩，后期就可以少管或不管。这是家长必须管的范畴。

比如，下午放学回家，你可以和孩子约定，晚餐吃饭时间 30 分钟要保证，饭后要做洗碗、打扫等家务。晚上 9:30 前必须熄灯睡觉，早上 7:00 起床。这些对身体健康有影响的作息习惯，父母必须提出明确且不可违反的时间节点。

家长应明白，任何一种习惯的养成需要一个过程，孩子不是机器人，一个命令就可以做到。

除了时间节点和规矩，家长还要注意和孩子的沟通方式。技巧就是，根据孩子的性格特点去互动和交流，获得孩子的认可。

火箭型孩子的特点是比较有主见，喜欢按照自己的想法做事情。对于这一类孩子，父母要多给孩子一些决策或者选择的机会，多听孩子说，给他试错和改正的机会，这样孩子的心理会得到足够的满足。

对于跑车型孩子，父母要多给孩子表达和展示自己的机会，多夸奖孩子的进步和闪光点。同时要反复提醒孩子事情的时间节点，还要教会孩子运用好记事本，以免他忘记事情。

对于游船型孩子，父母要多给予孩子互动和关心，陪伴孩子的时间要稍微长一些。另外，这一类型的孩子比较看重父母的建议，所以父母要多鼓励孩子自己去尝试，找到自信。

对于工程车型孩子，他们做事比较有条理，而且比较认真，自我要求高，这时候，父母可以多放手，让孩子去安排自己的计划，同时要多认可孩子的认真和细致，孩子才会有积极性。

孩子自己管：分清家长和孩子的责任

在执行时间计划的过程中，面临的最大问题就是孩子觉得玩才是自己的事情，学习是老师和爸爸妈妈给制订的任务，所以心理上很排斥，执行起来各种拖延磨蹭。

比如，按照时间计划，去复习，做作业、预习，家长看来很天衣无缝，但是对孩子来说整个过程都是学习，真的很无聊，他就是想玩！

怎么办呢？

重点是父母不要因为孩子年龄小就不给他决定和表达的机会。与孩子相关的事情，你都需要给他充分的自由和自主权。首先让他自己决定，如何去选择和安排。哪怕孩子的安排在你看来错误百出，又很低效，你都需要给孩子试错的机会，然后再给出你的建议，引导孩子尝试，最后让他自己去选择和安排最适合自己的计划。

比如，对于放学后的做作业计划，父母可以征求孩子的意见，可以问孩子："你希望先玩 30 分钟再做作业，还是先做作业，再玩？""你想先做语文作业还是数学作业？"只要不触犯原则，父母要多给孩子决定的机会，这样孩子会更乐意执行。

家校配合：共同监督孩子的习惯

现在很多学校要求同学们准备一个记事本或者作业登记本，记录每天的作业内容和其他事项，同时家长要签字，老师会抽查，以免孩子忘记做作业等重要的事情。

老话说得好。"好记性不如烂笔头"，从孩子上小学起，父母要教孩子学会使用记事本，特别是作业登记本，只要有作业或者老师布置的重要事情，就要及时记录下来，避免遗忘。

第___周___月___日___星期___

科目	具体内容	完成情况
语文		
数学		
英语		
其他		
家长签字		

父母可以给孩子孩子准备记事本（或者是作业登记本），记录每天各科作业、近期考试时间、班级活动等，关键是做好时间节点和重要性的排序。注意种类也不要太多，以免孩子觉得麻烦。

每天孩子放学回家，父母要和孩子确认记事本上记录的事情，让孩子一件件地完成。孩子回家后，你可以问问孩子："今天记事本上有哪些事情呢？最重要、最着急的事情是什么呢？先做哪件事后做哪件事呢？"这样的提醒可以让孩子逐步学会思考自己的任务，学会给事情排序，这对孩子培养时间管理能力非常重要。

在这个过程中，父母要做好监督，刚开始训练时，可以帮助孩子检查记事本上的每一项内容。有的学校的"家校配合"做得非常好，班主任老师和家长都会确定孩子记事本的内容，并在记事本上签字确认。这样一来，孩子忘记做作业、带上课需要的资料、完成班级事务等内容的情况就会减少很多。

三少说，四多说：帮助孩子坚持

我们再延伸一下，帮助孩子培养时间观念，你还需要知道"三少说，四多说"，也就是三种话能忍住就别说，四种话有机会就多说。

三少说：不要催，要多提醒

父母在和孩子沟通的过程中，常常会习惯说"你必须""你应该""你不可以"等催促、命令的语句，这些话都是"时钟型父母"的常用语，会让孩子觉得不受尊重，容易产生逆反的心理，进而不配合时间管理训练，所以需要忍住不说。

（1）少说"你必须"

✘　"轩轩，你必须做完作业，才可以玩乐高。"

✘ "你必须把饭菜都吃干净了，才可以下桌。"

✘ "你必须按照咱们约定的计划表执行。"

（2）少说"你应该"

✘ "轩轩，你应该提前把草莓分一些给乐乐。"

✘ "你应该在课间帮助老师把黑板擦了。"

✘ "你应该提前把寒假作业做了。"

（3）少说"你不可以"

✘ "轩轩，你不可以直接做数学，得先预习今天学的内容。"

✘ "你不可以吃汉堡，它是垃圾食品。"

✘ "吃饭的时候，你不可以讲话。"

四多说：教孩子时间顺序，有机会就多说

这4种沟通方式包括："我建议""我觉得""我提醒""我相信"，这是"教练型父母"最喜欢运用的高频词，会让孩子有被肯定和认可的感受，这让孩子更加乐意接受父母的好建议。

（1）多说"我建议"

✔ "轩轩，我建议你先做完作业，再玩乐高。"

✔ "我建议你按照咱们约定的计划表认真执行。"

✔ "我建议你可以试试先把寒假作业提前做完。"

（2）多说"我觉得"

✓ "轩轩，我觉得你今天有点儿累，要不要早一点儿休息？"

✓ "我觉得你的数学口算速度需要提升，你可以考虑每天做20道口算题。"

✓ "我觉得如果你对钢琴考级没有把握的话，可以考虑将弹钢琴作为爱好来培养。"

（3）多说"我提醒"

✓ "轩轩，我提醒你，老师让你明天上午7:30到校哦。"

✓ "我提醒你，薯条是垃圾食品，不建议多吃哦。"

✓ "我提醒你，今天晚上9:00，你要给爸爸打电话哦。"

（4）多说"我相信"

✓ "轩轩，我相信今天晚上你可以按照计划顺利地完成。"

✓ "宝贝，我相信明天早上6:45起床闹钟响起以后，你可以在5分钟内起床。"

✓ "好孩子，我相信你在学校可以和同学们相处得很好。"

父母不妨多运用以上这4种方法，会让孩子更乐意接受我们的建议。

小练习

引导孩子坚持使用记事本

给孩子准备一个记事本或者作业登记本，或者下载作业登记本的内页打印出来，并教孩子学会填写。

第 5 章

儿童时间管理
Q&A

在讲授儿童时间管理课程的过程中，我已经累计解答过3000多个家长提出的育儿问题，其中有一些问题非常典型，而且很有代表性。如果家长能提前知道这些育儿问题的解决方法，就不会那么焦虑和困惑。

通过这一章，家长可以了解我解答家长疑问常用的"SOS三步法"，以及家长对于儿童时间管理培养的五大困惑，本章的内容可以帮助父母掌握正确的育儿方法，让他们和孩子一起努力，提升孩子的时间管理能力。

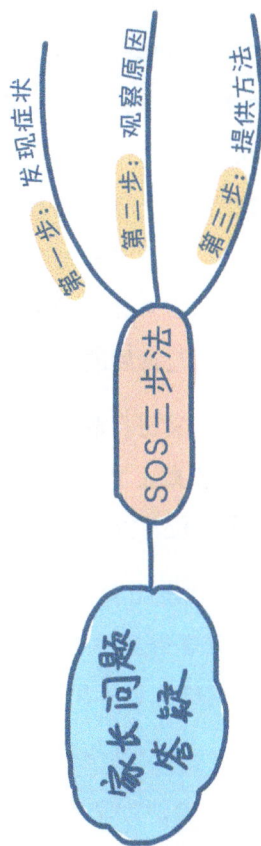

5.1 用 SOS 三步法解答育儿难题

这几年，在不少的签售会、分享会、训练营里，我都会收到家长们的海量提问。从这些提问中，我发现，很多家长提问题的时候，都习惯于陈述孩子的表面现象，比如"老师反映我家孩子上课坐不住，爱做小动作，我该怎么办？"或者是"我家孩子放暑假作业不想做，都要到最后几天才动笔，好头疼，该怎么办？"但是，很少家长会讲到孩子些问题背后的真实原因。

事实上，很多时候父母反映的问题可能只是表面的"症状"，并不是孩子真正的"症结"所在，所以需要通过互动的方式，全方位、立体地了解背后的原因。

既然家长经常向我发出育儿求救的 SOS 信号，那么我就用 SOS 三步法来帮助家长解答育儿难题。这套方法你可以学起来，这样你就不用什么都"问诊"专家了，可以自行快速"发现"你的育儿问题。

下图就是 SOS 三步法，学会这套方法，你甚至也可以成为自己育儿问题的诊断师，下面听我展开阐述。

发现症状 Symptoms → 观察原因 Observation → 提供方法 Solution

第一步：发现症状（Symptoms）

中医讲究"望闻问切"，解决育儿问题也是这个道理，要跳出宏观的描述，找到具体的症状。家长们经常会很宏观地描述他们的问题，但是，真正的答案往往隐藏在具体的症状细节中。

举个例子，有位家长咨询我的育儿困惑是："老师经常向我反映我家孩子上课不专注，爱走神，我该怎么办呢？"

家长在提问的时候，首先会提到孩子最让自己头疼的问题，直接回答效果不佳，我会在开始答疑的时候，问家长很多关于"症状"表现的细节。

小英老师："您的孩子是男孩还是女孩？几岁几年级？孩子上课不专注的具体表现是什么？"

家长："男孩，8岁，三年级。老师说孩子上课爱转笔，自己玩自己的，不认真听课。"

小英老师："孩子是一个科目不专注还是很多科目？"

家长："很多科目。"

小英老师："孩子在家的专注度如何？"

家长："也不太好。"

第二步：观察原因（Observation）

了解孩子的一些细节情况以后，我会开始引导家长一起观察孩子的性格特点和所处的环境，一起找到孩子这些问题背后的原因。

小英老师："您觉得孩子上课不专注可能的原因是什么？"

家长："一个原因是孩子本身专注力差，另一个原因可能是太爱看蜘蛛侠等漫画了，整天想着模仿。"

小英老师："孩子的性格如何？活泼吗？"

家长："属于比较活泼的性格，注意力不集中，人来疯。"

小英老师："根据您的描述，孩子比较像'跑车型孩子'，这一类型的孩子思维比较发散，专注的时间会比其他性格孩子短一些。另外，孩子在家学习的过程中，家长有没有经常打搅孩子？比如孩子在做作业的时候，家长有没有在旁边指出孩子的问题？"

家长："孩子做作业的时候，一遇到不会的就问我们，我们一般都会马上给孩子解答。"

小英老师："孩子学习时，如果思路老被打断，专注力就容易被破坏，不利于孩子专注力的培养。关于你的问题，我的解答如下……"

第三步：提供方法（Solution）

前面两个步骤，我会引导家长说出孩子问题的症结细节，引导家长找到背后的原因。第三步，我会把解决这个问题的具体方法告诉家长。

关于这位家长的问题，我的建议有以下两点。

建议一：和孩子一起找到解决的方法。

这位"跑车型孩子"性格比较活泼，思维活跃，专注力会比其他性格孩子弱一些，父母首先要予以理解，而不是老指责孩子。当和孩子沟通提升上课时的专注力时，我们可以尝试这样的方式。

妈妈："宝贝，妈妈知道，你的性格很活泼可爱，但是上课会容易走神。咱们想一想，为了减少走神的时间，上课应该注意什么呀？"

接下来，可以和孩子进行"头脑风暴"，引导孩子想出减少走神的方法，再把这些方法写在便签纸上。

比如：

（1）上课不转笔

（2）全神贯注地盯着老师

（3）意识到自己走神，赶快提醒自己："别走神啦！"

（4）万一走神，过后要记录自己走神的时间段，课后要把走神部分的内容复习一下，还要搞明白

（5）爸爸妈妈在家不打搅孩子做作业

（6）在家和爸爸妈妈一起玩专注力游戏

......

和孩子沟通以后，可以把这些好方法打印出来，让孩子经常能用这些方法，提醒自己减少走神。

建议二：训练孩子的专注力。

建议家长在家花时间训练孩子的专注力，刚开始要求不要太高，否则孩子会坐不住。

三年级的孩子学习的专注力为 15 ~ 20 分钟，家长可以和"跑车型孩子"约定，训练初期，每次学习任务在 15 分钟左右，用番茄时钟来定时。

如果孩子能在约定的时间内完成学习任务，父母要在第一时间对孩子表示鼓励："宝贝，你在我们约定的 15 分钟内完成了这个作业安排，你好认真！"

跑车型孩子特别喜欢得到他人的鼓励和夸奖，父母要多发现这一类型孩子的闪光点，提升孩子的学习兴趣和自信。

同时，父母要和孩子提前约定，当他在学习的时间里，父母不会去打搅他，比如给孩子送水、送水果、问孩子问题。

父母把番茄时钟给孩子，让孩子拧到约定的时间，可以这样对宝贝说："宝贝，你把番茄时钟设置到 15 分钟吧，在这段时间内，我们不打搅你，你要专注做作业哦。"

不仅仅是学习，当孩子在看书、画画、玩玩具的时候，父母也要和孩子提前约定时间，在这个过程中不打搅孩子，让孩子专注完成。

父母不打搅孩子，孩子的专注力就不会被破坏，而且会提升。

以上就是我在解答父母疑问时经常使用的 SOS 三步法，供家长们参考。通过这个方法，家长们在实际生活中也可以尝试进行自我提问，自己找到解决孩子问题的有效方法。

接下来，再给大家分享一个我和家长的互动答疑实录。这个问题也是很多家长问到的，属于比较典型的问题。

【互动答疑】孩子每天做作业到晚上 10 点多，怎么办

▲家长：我家女孩，8 岁，三年级，写作业拖拉磨蹭，每天要写到晚上 10 点多。其实作业也不多，别的孩子说最多一小时就全部做完了，可我女儿一篇看图写话要写两个多小时。孩子一写作业就一会儿看看这看看那，摸摸这摸摸那。做什么事都磨蹭，没有时间观念。孩子还会犟嘴，我们说了她也不听，老师我该怎么办？

■小英老师：请家长先思考一下孩子做作业拖拉磨蹭的原因。是因为没有兴趣，还是孩子觉得难不会做？另外孩子的性格是怎样的？

▲家长：两个原因好像都有，就是不想写，有的题

也是有点儿难，但她又不愿意问我们。孩子的性格不内向，玩的时候也很疯。在学校里，老师说她上课也能听讲，不会讲小话，就是做作业跟不上，别人做完交了她还没做完。

■小英老师：看图写话是学校布置的作业吗？

▲家长：不是学校作业，是课外作业。看图写话有老师指导的，在网上报的那种，每天晚上老师直播讲课，挑写得好的孩子的文章来指导。

■小英老师：这可能是问题的根本原因。从孩子的角度上来说，如果不是学校布置的作业，她从内心会抵触，不愿意做。父母需要和孩子提前做好沟通，而不是我们认为她该学就得学。

如果是学校老师布置的作业，比如看图写话，刚开始，虽然老师教过孩子，但孩子要真正写起来会有点儿难，可以你讲一句，让孩子写一句，同时告诉孩子看图写话的方法，写完，让孩子重复一下写看图说话的方法。慢慢地，孩子就会逐步掌握看图写话的方法，以后再有类似的作业，就不会产生畏难情绪。

另外，孩子喜欢和您聊学校的事情吗？

▲家长：孩子平时跟我也讲学校的事，就是写作业的时候，我一问，她就不说话了；孩子有脾气，不能说多，我刚说了两遍，她就说："我知道了，等一会儿再说！"只要不是写作业方面的就都还好。

■小英老师：看来您和孩子在写作业方面的沟通不是特别顺畅，这也是孩子做作业慢的原因之一。

亲子沟通不畅，会让孩子对做作业没有足够的兴趣，有问题也不会及时请父母帮忙，靠自己花时间琢磨，就会造成做作业拖拉磨蹭。

建议您调整和孩子的沟通方式，不要总找孩子的问题，总觉得不满意。这样孩子容易对学习失去兴趣，不爱学。3 ~ 12 岁孩子的父母最重要的是学会发现孩子的闪光点，肯定孩子的优势和进步，帮孩子建立对学习的兴趣和自信。

如果亲子沟通做得好，会让孩子觉得"父母很认可我，对我很欣赏，学习是有意思的"，孩子学习起来才会快乐。让孩子有兴趣学，意识到自己是被欣赏的，孩子才有爱学习的动力！

以上是我提供的建议，您可以作为参考。

以上就是我给这位家长做的互动答疑实录，有类似困惑的家长可以参考。

当然，有些家长的育儿困惑无法通过互动答疑的形式解决，我就会直接给出方法和建议。还有些家长的育儿困惑问题比较多、难度比较大，无法通过短时间的互动答疑解答完成，就需要提前和我付费预约，进行较长时间一对一的深度咨询。

接下来，我会分享我解答过的、家长比较困惑的共性问题。因为是共性问题，所以跳过了 SOS 三步法的前两步，会直接给出具体的方法或者建议，家长们可以作为参考。

5.2 儿童时间管理能力培养的五大困惑

困惑一：如何又快又好地运用 PCP 儿童时间管理模型

▲家长：小英老师，我听过您介绍的用 PCP 儿童时间管理模型来训练孩子的时间管理能力，在实际生活中，我该如何又快又好地对孩子进行训练呢？

■小英老师：PCP 儿童时间管理模型是我根据多年的实践、研究、授课和咨询，总结出的一套行之有效的训练孩子时间管理的方法。

在训练过程中，父母首先要了解，无论是孩子还是成人，时间管理能力的培养是一个相对漫长的过程，是终身都要学习的功课。

如果短期看不到效果，还是要坚持正确的方向和方法，不要轻言放弃。

其次，好习惯的养成最快也要 21 天，父母在使用 PCP 儿童时间管理模型训练孩子的过程中，至少要花 21 天时间对孩子进行习惯的培养。以下就是具体的 21 天训练过程。

第一个七天：培养孩子的计划力。

计划力是培养孩子时间管理能力的基础，父母可以根据孩子的年龄和学习要求，和孩子一起制订每日计划。比如，我会拿出一张 A4 白纸，和牛宝一起，用 "清单法"（见 2.3 节），他口述，我在纸上写出牛宝上学期间的每日计划，内容包括时间和具体要做的事情。经过我的引导，以下是我和牛宝一起制订的每日计划。

- 06:40– 起床 + 洗漱

- 07:00– 吃早餐

- 07:30– 出发上学

- 15:30– 放学回家，休息 30 分钟

- 16:00– 做作业 + 小提琴练习 + 户外活动

- 18:00– 吃晚餐

- 19:00– 做作业 + 低音提琴练习 + 自由活动

- 21:00– 洗漱 + 睡觉

这是牛宝上学期间每日计划的清单，我打印出来后，牛宝把它贴在客厅中比较醒目的位置——白板上。自从制订了每日计划，牛宝对自己每天的安排有了初步的了解。有时候他忘记了，我们会提醒他看白板上的每日计划。后来，他自己就会去白板上看，大大减少了我们家

人对他的催促。

掌握一个简单又实用的方法，孩子和父母都能受益！

通过列清单的方法，父母可以引导孩子对每天的安排有大致的了解，同时，父母要对孩子每天的计划逐一确认，看孩子每一项任务是否能保质保量地完成。

第二个七天：培养孩子的专注力。

培养孩子专注力是儿童时间管理训练的关键。专注力是指孩子把视觉、听觉、触觉等所有感官全部集中起来，去了解一个事物的能力。

有一位资深的特级教师说过："你们猜在课堂上，有多少同学能全神贯注听讲 10 分钟？有多少人能认真听讲 20 分钟？能够集中注意力 20 分钟的不足 50%，能够集中注意力 40 分钟的不足 5%。专注力强的孩子在学习上具有巨大的优势。所以家长在家一定要多培养孩子的专注力。"

专注力是孩子与生俱来的能力，但是深度、长短和孩子的性格有关系。孩子可以通过后天的训练提升这个能力，这样在学习、工作、解决问题的时候就会很专注，而且效率会提高。孩子的专注力如果在后天得不到合理的训练和保护，是会衰退的，比如"三分钟热度"便是专注力衰退的结果。

良好的专注力能促进孩子高效地学习，为了让孩子能专注和投入地学习，父母有什么办法可以帮助孩子培养专注力呢？

除了本书介绍的几种方法，接下来我再给家长分享几个简单实用的方法，供家长参考。

（一）大声朗读

大声朗读有利于训练孩子的专注力。每天父母可以和孩子约定一小段时间（5 ~ 10 分钟），让孩子选择一段喜欢的中文或者英文文章，大声为父母朗读，这是一个使孩子口、眼、脑相互协调的过程。孩子在读书的过程中，要想不读错、不读丢、不读断，专注力必须高度集中。父母可以和孩子把这种训练一直坚持下去。

（二）字数训练

字数训练就是家长读一段短文，短文里会反复出现一个字，比如是"一"，孩子认真听，当听到第一个"一"字就记录"1"，听到第二个"一"，就记录"2"。家长读完短文后，孩子统计"一"出现的总数，再对照文章，看是否和"一"在短文中出现的次数相同。

比如，以下是短文《小红帽》。

从前有个可爱的小姑娘，一次，奶奶送给小姑娘一项用丝绒做的小红帽，戴在她的头上可好看了。从此，小姑娘再也不愿意戴别的帽子，于是大家便开始叫她"小红帽"。

一天，妈妈对小红帽说："来，小红帽，这里有一块蛋糕和一瓶葡萄酒，快给奶奶送去。奶奶生病了，身子很虚弱，吃了这些就会好一点儿。趁着现在天还不热，赶紧动身吧。在路上你一定要好好走，不要跑，也不要离开大路，否则你会摔跤的，那样奶奶就什么也吃不上了。还有，你一到奶奶家，别忘了说'早上好'，也不要一进屋就东瞧西瞅哦。"……

（三）词语判断

词语判断，举例来说，就是家长念多个词语，孩子认真听，当听到电器就马上举起右手，当听到学习用品就马上举起左手。

例如，父母可以念以下的词，让孩子进行判断：空调、电话、被子、杯子、钢笔、凳子、课桌、洗衣机、篮球、电视、自行车、书包、电冰箱、作业本、葡萄、空调、手机、篮球、羽毛球、打火机……

以上介绍的这三种方法——大声朗读、字数训练与词语判断，父母在家可以和孩子经常练习，也可以将它们当作好玩的游戏，培养和提升孩子的专注力。

第三个七天：培养孩子的坚持力。

孔子曾说，少成若天性，习惯成自然。3～12岁是孩子培养习惯的关键期，但无论哪种习惯的养成都需要坚持力。而坚持力不是天生的，也不是喊口号喊出来的，需要落实到孩子的日常生活中。

随着孩子年龄的增长、自我控制能力的加强，孩子的坚持力也会得到发展，即坚持力是随着年龄的增长而自然发展的过程。但我们在日常生活中也常常看到，不少成年人做事浮躁，缺乏持久性，容易半途而废。因此，坚持力是需要从小培养的。

那么父母作为孩子的第一任老师，要如何培养孩子的坚持力呢？

首先，给孩子的任务要难度要适当。任务太多太难，孩子望而生畏，就会产生对抗情绪或者干脆还没做就放弃了。对于一些难度较大的任务，可以分解成一个个小目标，给孩子一点儿鼓励，孩子可能就乐于接受了。

佳佳从 5 岁开始学钢琴。佳佳 7 岁时，妈妈对她说："佳佳，王老师说你有兴趣又有天赋，钢琴弹得很不错，她建议咱们从三级开始考，每年提升一级，难度不大，咱们一起加油吧！"

因为王老师和妈妈把给佳佳制订的考级目标分解成每年提升一级，对于佳佳来说难度和压力不大，所以佳佳能很好地完成老师的训练要求。佳佳今年 6 年级，按照分解的目标，她能做到每天平均 1.5 ~ 2 小时练习弹钢琴，今年已经顺利考过钢琴八级。

其次，做父母的要以身作则，具有坚持力。父母做事的态度很大程度上影响着孩子做事的态度。

一个三天打鱼、两天晒网的家长很难培养出有恒心的孩子。

父母的监督也是很重要的。如果父母今天要求孩子学习绘画半小时，明天自己忘了，没有要求孩子练习绘画，后天又有什么事给耽误了而不管孩子当天有没有练习，这样培养孩子的坚持力就会变成一句空话。

比如，我家牛宝从 6 岁起，每周一到周五晚上会花 15 ~ 20 分钟，在一个英语绘本学习微信群里，跟着外教读原汁原味的英语绘本，读熟练以后，再录制音频发到微信群里。我和牛爸每天都会监督孩子坚持完成，从不懈怠，已经坚持了 4 年。群里有 300 多位孩子，真正能坚持的孩子只有几十个。

有的时候，与其说是孩子坚持，不如说是父母监督孩子坚持。

现在牛宝无论是英语听力、口语表达还是英语成绩的表现都比较优异，还担任过年级英语歌曲比赛的主持人。这次当选主持人，说明英语老师对他的英语整体表现非常认可，也大大促进了牛宝学习英语的兴趣，而且每天会很认真地完成英语绘本跟读和录音，做到良性循环。

再者，父母对孩子提要求的语气要坚定，让孩子知道每天要坚持完成一件重要的事情，不可以随随便便对待。但也不要总在孩子身边不停地唠叨，甚至训斥打骂孩子。培养孩子的坚持力是需要耐心教导的。

人生犹如一场马拉松，坚持力形成的过程中有着酸甜苦辣。

我们要俯下身子，静候花开，给孩子悉心的指导，鼓励孩子建立自信，持之以恒。在潜移默化中，坚持的种子一定会在孩子心中开出绚烂的花朵。

以上就是 21 天 PCP 儿童时间管理模型的训练方法，父母需要引导孩子认真完成，培养孩子的计划力、专注力和坚持力，形成初步的时间管理习惯。在未来的学习和生活中，还需要父母对孩子不断地监督和强化训练，让孩子形成长期稳定的时间管理习惯，提升孩子的时间管理能力。

困惑二：从时间管理的角度，如何做好幼小衔接

▲家长：孩子正面临幼小衔接，要不要让孩子上学前班呢？小英老师，我们家长该做哪些准备呢？

■小英老师：关于幼小衔接，很多家长会比较头疼，主要原因是小学的学习和生活习惯与幼儿园的差异较大。幼小衔接的真正含义是培养幼儿有入学的愿望和兴趣，向往小学的生活，具有积极的情感体验。

幼小衔接应当关注孩子为适应学习生活而必需的习惯培养，好的习惯是孩子走向小学生活的阶梯。很多父母担心自己无法培养好孩子的这些习惯，就希望能够通过让孩子上学前班来弥补。

事实上，大部分孩子是不需要上学前班的。

但父母要有意识，根据小学生的要求，逐步培养孩子适应小学的生活和学习习惯。接下来，我会从时间管理的角度，教家长引导孩子做一些准备，适应幼小衔接。

第一，孩子的每日作息要调整。

上幼儿园的作息是早 8:00 到园，陆续吃早餐；9:00 上课，12:00 ~ 14:30 午睡。而上小学的作息是早 8:00 上课，意味着需要更早起床，吃早餐；中午无睡眠条件。

因此，父母要引导孩子调整每日作息，并告诉孩子作息不同的地方，再打印出来，贴在家中比较醒目的位置，经常提醒孩子，让孩子逐渐养成新的每日作息习惯。以下是天天妈妈把天天上幼儿园和小学的每日作息做了比较形成的表格。

上幼儿园的作息	上小学的作息
07：00 起床 + 洗漱	06：40 起床 + 洗漱 + 早餐
07：40 上幼儿园	07：30 上学
08：00 幼儿园早餐	08：00 正式上课
12：00 午餐 + 午休	12：00 午餐（无午休）
17：00 放学	15：00 放学
17：30 放学到家（晚餐在幼儿园已吃）	15：30 放学到家，休息 30 分钟
18：00 户外和小朋友一起玩	16：00 课内作业 + 兴趣 + 户外
19：00 加餐	18：00 晚餐
19：30 画画 + 少量作业 + 玩玩具	19：00 课内作业 + 画画 + 课外作业
20：30 洗漱 + 睡前故事 + 睡觉	21：00 洗漱 + 睡觉

第二，孩子的专注力要训练。

在幼儿园，孩子上课的形式比较宽松和有趣，孩子相对会比较放松和自由。教学方法是玩中学。到了小学，上课时间 45 分钟，老师的教学以讲授、提问、作业、考试几种形式为主，并要求孩子坐姿要端正。这些变化要求父母多花时间训练孩子的专注力，让孩子能坐得住。

专注力是知识的窗户，没有它，知识的阳光就照射不进来。

对于大脑发育尚不完善、自制力不强的孩子来说，要保持专心致志的状态非常困难。专注力是一种习惯，需要从小培养。

- 首先，父母不要随意打断孩子正在专注做的事情。

有些小朋友喜欢玩乐高、玩积木，一玩就是一两个小时，很多家长会比较担心，说孩子玩这么长时间好不好，有人的确这样问过我。家长可能觉得要去打断孩子，让他们歇一会儿。这种孩子正在专注的事情，家长千万不要轻易介入。为什么？

因为孩子正在体验那种完全沉浸的状态，这是他探索世界的方法跟手段之一。家长经常性地去干扰，一会儿问要不要喝水呀，一会儿又问要不要休息呀，要不要吃点东西，等等，孩子本来很良好的专注力，渐渐地就会被破坏掉。

由于家长造成的这种打断性行为，孩子慢慢也形成一种习惯。比说孩子在做作业时，一会儿要上厕所，一会儿要喝水，孩子慢慢也会有这种倾向和习惯，他觉得这个是自然的，他一直就在这种环境下长大的。

当孩子要玩玩具或者学习时，父母可以和孩子约定时间，用番茄时钟约定时间，尽量不要打搅孩子，就能训练孩子的专注力。在家把孩子的专注力培养好了，孩子在学校就能"坐得住"。

- 其次，让孩子学一门兴趣，体会"心流体验"。

培养孩子的专注力，父母可以引导孩子学习一门孩子感兴趣的项目，艺术类或技能类的都可以，比如音乐、绘画、体育等。为什么呢？

因为，当孩子专注地学习感兴趣的活动时，常常会体会到一种幸福的感觉，那就是"心流体验"。所谓"心流体验"，就是指一个人将精神完全集中在某种活动上时，所产生的一种身心合一的感觉。心流体验产生的时候，人会达到一种忘我的状态。

这种由专注产生的"心流体验"会让人上瘾，会让孩子更喜欢这项活动，产生良性循环。

比如，多多从小就对画画特别感兴趣，从 5 岁开始，已经学了 6 年，他的梦想是当一名画家。多多告诉妈妈："妈妈，当我拿起画笔的时候，感觉周围都变安静了，时间停止了，眼前好像出现了一幅我喜欢的画。好像有一股力量推着我的手在画画，这种感觉很美妙。"

这种美妙的感觉，就是"心流体验"。

父母可以让孩子选择 1 ～ 2 个喜欢的项目，比如画画、弹钢琴、拉小提琴、下棋、踢足球等。刚开始可以通过刻意的练习，慢慢地由"小剂量"增加到"大剂量"，对孩子的专注力的培养会有一个长效的作用。

在这个过程中，让孩子有机会体会"心流体验"，孩子的专注力会得到很大的提升。专注力的提升对于孩子上小学、学习各种科目，都会有较大的帮助。

第三，父母的心态要调整。

关于孩子的幼小衔接，一方面，父母要引导孩子调整每日作息以及培养专注力；另一方面，父母要调整心态，不要急于无缝对接，要多引导孩子对小学产生兴趣，还要学会用欣赏的眼光去看孩子一天天的变化。

父母可以利用节假日或者散步的机会，经常带孩子到小学校园转一转，熟悉熟悉环境，告诉孩子："宝贝，你看这所学校多漂亮呀！你就要幼儿园毕业了，你马上就可以来这所小学上学，你也会和那些大哥哥、大姐姐一样变得更聪明啦。"

父母可以给孩子购买小学用的新书本、新书包、新铅笔盒、红领巾等，让他们产生上小学的愿望。父母可以用羡慕的口吻对孩子说："宝贝长大了，真了不起，马上就要成为一名小学生了！"让孩子产生当小学生的光荣感、自豪感。

孩子从幼儿园到小学，或多或少会暴露出一些问题，在看到孩子的问题时，不要总是指责，而是要先找出他做得好的一面，然后再给他不足的地方提建议，这样大部分孩子也会更容易接受。这个年龄段的孩子还是要以鼓励为主，要多去发现孩子的闪光点。

以上就是孩子在幼小衔接的过程中，父母从每日作息、专注力训练、心态这3个方面，要引导孩子做的各种准备，帮助孩子较好地适应小学生活。

父母要相信，大部分孩子是有能力去面对未来将会遇到的难题和问题的。只要父母能引导孩子掌握足够的方法，多鼓励和支持孩子，孩子就会有勇气和力量去面对未知的世界。

困惑三：孩子不喜欢做计划怎么办

▲家长：小英老师您好！我家孩子每天就喜欢玩，不爱做作业，不爱做计划，每天做什么事情都需要我们来提醒和催促，想请问一下小英老师有什么好方法让孩子提高计划性？

■小英老师：这位家长的问题很典型，还有家长问

"为什么有的小孩不管也学习好，我的小孩怎么管学习都很差？"

这些问题说明孩子计划力出了问题。孩子喜欢玩、不爱做作业，从父母的角度要予以理解——这个年龄段的孩子爱玩是天性，关键是父母需要进行适当的引导和训练，逐步教会孩子制订学习和生活的计划。

培养孩子的计划力，可以从生活中的很多小事开始。

比如孩子小的时候，可以在一起玩过家家的游戏，让孩子当家长，安排家庭事务，一方面让他有更多的自我控制的感觉，另一方面也可以培养他的计划力。

再比如家里要来客人了，可以和孩子一起商量如何准备一桌饭菜，怎么去准备，怎样做才能更好地招待好客人。妈妈们不一定要孩子动手，但是可以一边做一边告诉孩子这样做的道理和原因，鼓励孩子帮忙参与，这些都可以培养孩子的计划力。

等孩子再大点儿了，可以让孩子做家庭旅游计划，一次出游，去哪里好，是开车还是乘坐其他交通工具，需要带些什么行李，旅途中要注意些什么问题，时间怎样规划等。或者在出去玩的时候，让孩子安排一天的行程，提前做计划采购食品等，也是好办法。

当然父母还可以提前给孩子一个清单，让他做起来更容易一点儿，避免孩子产生挫败感。

等孩子慢慢有了计划力，我们就要及时引导孩子制订学习计划，但要注意循序渐进和孩子进行交流。

拿破仑说，想得好是聪明，计划得好是更聪明。

可见，在学习上，做计划是非常重要的第一步。父母可以和孩子从制订每日作息开始，比如周一到周五，和孩子约定早起时间、上学时间、放学以后的学习安排、休闲时间安排以及睡觉的时间。让孩子在大脑里形成一个初步的每日计划的概念。

在约定过程中，在一定的原则下，父母要注意给孩子一定的选择权和决策权，多征求孩子的意见，这样孩子在执行过程中会比较配合，也能坚持。

父母也可以有意识地让孩子参与讨论学习的计划安排，要鼓励孩子发表自己的意见。如果孩子的意见合理，则予以肯定，如果孩子的意见不合理，则应帮他分析。

比如，每天晚上是先做作业还是先拉小提琴，语数英作业哪个先做，哪个后做，这些都可以和孩子进行讨论，多征求孩子的意见。这样的讨论可以使孩子明白做事为什么要有计划，怎样合理地计划。

如果孩子和父母一起制订了计划，父母一定要及时引导孩子把约定的计划做成一张计划表，内容包括时间、事项以及完成情况。计划表制订出来以后，父母可以打印出来，贴在客厅或者书桌前比较显眼的位置，以便父母和孩子进行每项计划的确认。

为了保证孩子制订的计划能进行有效地执行，父母要做好监督，但也要避免孩子过于依赖父母的监督才能完成计划。

如果发现孩子做得不够好，父母要避免急躁，不能总催促，要耐心沟通，了解孩子内心的真实想法，关注每一个进步，及时鼓励。我们认为一开始孩子的计划比过去完成得好就是进步，告诉孩子还有进步和上升的空间，让孩子感受到自己的进步以及父母的欣赏，进而接受父母的建议和指导，去管理时间、分解学习任务，慢慢地，孩子的学习计划的制订、执行和坚持就会越来越好。

各位家长，这些方法对你有启发吗？

困惑四：父母如何帮助孩子提高作业时间管理能力

▲家长：每天晚上我陪孩子写作业，特别头疼。身边别的家长建议我，孩子的作业不用管，让孩子自己负责。我该陪孩子写作业吗？我应该花多长时间？小英老师有什么好建议？

■小英老师：陪孩子写作业已经成为很多父母的痛点。有的家长认为父母应该陪孩子做作业。有的家长却认为，既然孩子上了小学，学习就应该是自己的事情，因此要求孩子自己独立完成作业。

但事实上，一二年级的孩子大部分时候还是想着玩，做作业需要父母不断地提醒，而且注意力集中的时间比较短，需要父母花 80% 以上的时间陪伴孩子做作业。

三四年级的孩子对做作业有了 2 年的经验，会养成习惯，也意识到做作业的重要性，父母的陪伴时间可以逐步减少，比如 60% 左右。

五六年级的孩子已经开始掌握独立做作业的方法，父母就可以开始放手，除了孩子不懂的地方父母要帮助解答，父母的做作业陪伴时间可以逐步减少到 30% 左右。

孩子小学的做作业习惯培养好，从作业时间管理能力的培养到自主学习习惯的养成就能从"量变"到"质变"，到了中学，父母就可以做到基本不陪了。

那么，在孩子做作业的时候，父母应该如何提高孩子的时间管理能力呢？

首先，计划先于行动。

在孩子写作业前，父母要引导孩子思考一下：

（1）今天有哪几科作业？

（2）各科作业的量有多少？

（3）哪些先做，哪些后做？

孩子思考完以后，父母可以让孩子说出写作业的顺序以及需要的时间。

"先计划再做作业"比"盲目开始做作业",孩子的思路会更清晰。

比如,每天晚餐以后,牛牛妈妈就会让牛牛拿出作业登记本,让孩子口述一下当天各科的作业要求,以及孩子希望做作业的顺序,再估算一下每科作业大致需要花费的时间。

接下来,妈妈会让牛牛用番茄时钟,按照孩子的作业顺序和估算的时间,一项一项地完成。这个过程中,除非特殊情况,牛牛妈妈不会打搅孩子。等每项做完以后,如果有问题需要求助,妈妈会帮助牛牛解答。

其次,孩子遇到难题,家长如何帮助孩子?

有的孩子不喜欢思考,在写作业当中遇到不会做的题时,就会马上求助家长:"妈妈,这道题我没有学过,我不会做,您帮帮我。"希望家长立即给自己讲题。

这时候,家长要特别注意,不要马上给孩子讲题,要鼓励孩子尝试着去审题、去思考。

如果孩子还是不会做,家长再给孩子讲解,但不能讲得太仔细。应该只讲关键点,点到为止,再让孩子自己去思考。

等孩子作业完成后需要家长检查时,如果父母发现有错,最好的方式是不直接告诉孩子哪一题有错,而是告诉孩子："我检查了一遍，我发现有 2 个错误，你找一找。"让孩子自己再次检查一遍自己的作业，强化检查的习惯。

孩子发现了错题后，父母要和孩子一起总结为什么会出错，以后再遇到类似的问题该如何解决，还可以把这道题记录到错题集里。

最后，孩子做作业时，家长可以做哪些事？

父母陪伴孩子做作业，不是要时时刻刻盯着孩子，一有错就挑毛病。比如有的家长特别爱说"这个字写得不好，擦掉重写"或者是"这个数你怎么算的？这么简单的题都不会"。

父母经常这样做，会让孩子对作业产生厌倦的心理，要避免这样的行为。

还有些父母喜欢一边监督孩子，一边看电视，玩手机游戏，嘴里还不停唠叨："写快点儿！""别磨蹭！""不准看电视，要好好写作业！"

这样会容易引起孩子的逆反情绪，心想："凭啥你就能看电视，我就不能看，要做作业，真不公平。"

父母最好的做法是也看书、也用电脑学习或者处理工作，可以提前告诉孩子，自己有时候需要用电脑或者手机处理工作上的事情，不打扰孩子，营造浓厚的家庭学习气氛。

当我在陪牛宝做作业的时候，有时候我是看书，有时候因为要写作，我会提前告诉牛宝："妈妈写书需要用电脑，会有敲键盘的声音。"我会在牛宝的书桌旁写作，陪伴牛宝做作业。

从小我就会告诉牛宝："妈妈每天晚上 7:00 就会和你一起开始学习，人就是要'活到老学到老'！"牛宝会认为学习、做作业是一件大人和孩子都要做的事情，因此他对学习或者做作业很少会有抵触心理，会比较认真配合地完成作业。

有爱学习的父母陪伴，孩子往往心态平和，心思会专注在作业上。

困惑五：从时间管理的角度，如何做好家校配合

▲家长：小英老师，您能给讲讲我们家长该如何配合好学校的要求，做好孩子的时间管理吗？

■小英老师：有些家长认为自己工作忙，还要做家务，孩子到了上学的年龄，教育就主要在学校，责任主要在老师。其实，这样的观念是错误的。良好的家校配合才是教育孩子的最佳方式。

"教育"二字包含着"教"和"育"，老师教授孩子知识，家长养育孩子，可见教育是离不开学校和家庭的。

一周七天，孩子在学校和家里的时间差不多，父母不仅要重视孩子在家期间的时间管理，还要配合学校和老师的时间安排，做好沟通，就是我们常常讲的家校配合。以下几件事情需要父母特别关注。

首先，引导孩子配合学校的时间安排。

每个学校都有整体的时间安排计划，比如，新学期的时间安排，每周的上课安排（课表），以及每天上学放学的时间安排，期中期末考试的时间，寒暑假的时间等，父母要引导孩子特别重视这些关键的时间安排。

父母要根据学校和老师的要求，引导孩子制订好新学期计划、每日计划、每周计划、每月计划、期末考试复习计划、寒暑假计划等，提升孩子对时间管理的计划力。

比如，新学期开学时，涵涵的班主任杜老师开了班会，主题就是"我的新学期安排"，给同学们布置了制作新学期安排表的任务。

在妈妈的启发和帮助下，涵涵制订的新学期计划如下表所示。有些安排是陆陆续续补充上去的。通过制订新学期的时间安排，涵涵和妈妈对本学期学校和老师的时间要求有了大致的了解，能更好地做好家校配合。

制作新学期计划表对于孩子制订其他计划，能起到举一反三的作用。

月份	3 月	4 月	5 月	6 月 ~ 7 月 10 日
重要事项	1 日开学 4 日乒乓球比赛 13 日新班委选举 19 日小品彩排 23 日趣味运动会 28 日参观科技馆	4 日班会 13 日春游 18 日听讲座 27 日学校书法大赛	8 日班会 11 日参观博物馆 17 日演讲比赛 25 日合唱彩排	1 日 " 六 · 一 " 活动 5 日班会 16 日合唱团会演 7 月 3 ~ 4 日期末考试 7 月 10 日放假

其次，引导孩子完成学校安排的作业。

孩子放学后，父母可以通过检查孩子的记事本或者作业登记本，了解孩子的每日作业安排和作业量。

根据老师的作业要求，父母要教会孩子制订放学后的计划，结合学校作业（语、数、英）、课外作业（语、数、英）、课外兴趣（如小提琴、绘画、书法等），合理规划这几项的前后顺序。

父母要告诉孩子，学校老师布置的作业和事情属于 "ABC 任务管理法" 中的 "A 类事项"，即重要又紧急，要第一时间完成，而且要保质保量。

孩子根据作业登记本的记录一项一项做完以后，父母可以帮助孩子逐一确认，然后在作业登记本上签字确认，让老师了解父母对孩子学校布置的作业非常重视。

最后，父母要和学校老师保持有效的沟通。

要想了解孩子在学校的真实情况，父母要和老师保持沟通。比如，老师在家长微信群的通知，有的是作业，有的是活动。如果要求回复，家长尽量要第一时间回复。老师安排的作业或者任务，家长尽量要引导孩子高效、高质量地完成。

当老师向家长反馈孩子在学校存在的问题，父母转述给孩子时，要特别注意转述的技巧。

比如，英语老师告诉轩轩妈妈："最近轩轩上英语课喜欢用手指转笔，好几次把笔掉在地上，影响周围同学听课。我感觉他最近注意力不太集中，好几次问他问题，他都答非所问。"

轩轩妈妈收到老师的反馈，首先感谢了老师的提醒。关于如何与孩子做好沟通，我对轩轩妈妈的建议是："不要原话转述老师说的内容。如果直接转述，孩子会觉得英语老师对自己有意见，以后再看到英语老师，心里会产生不舒服的感受，可能会对老师教授的课程失去兴趣，会带来副作用。"

可以换个方式，我建议轩轩妈妈这样说："轩轩，我发现你现在转笔很溜了，好厉害。但是上课不要转笔哦，会影响老师讲课，还会影响旁边同学的听课效果，下课有时间再转，咱们一起做个约定，好不好？"这样的沟通，孩子会更能接受。

上了小学，很多时候，老师的话比父母的话更受到孩子的重视。

家长在家还可以借老师的嘴说自己的话，比如家长可以这样跟孩子说：

"老师说你今天上课听课很认真。"

"老师说你今天的作业比以前工整了很多，进步很大哦。"

"老师说你今天上课表现很积极，很棒哦。"

"……"

慢慢地，孩子就会喜欢上老师，喜欢上老师教的这个学科，喜欢上学校。

父母要引导孩子做好家校配合，有利于老师加深对孩子的了解，对孩子的成长有利。

PCP 儿童时间管

理模型

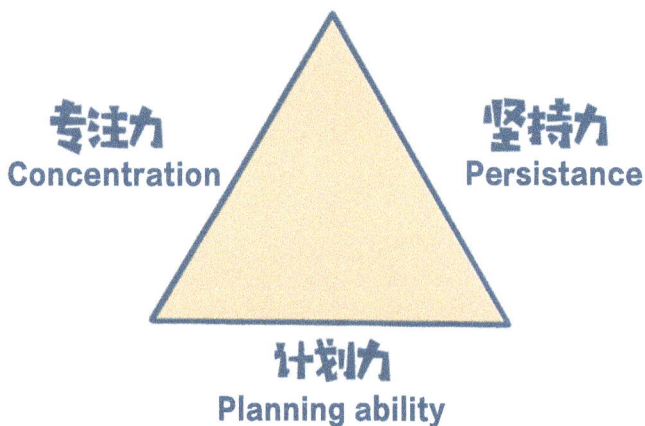

专注力
Concentration

坚持力
Persistance

计划力
Planning ability

- 沿着线撕下"PCP 儿童时间管理模型"。

- 贴在书桌前或者客厅的明显位置上。

- 当孩子在时间管理训练中做得好时，和孩子一起分析哪个方面做得比较好。

- 当孩子遇到问题时，和孩子一起分析哪个能力需要提升。

经历 3 年多的儿童时间管理实践、研究和授课，又经过一年的初稿、改稿和定稿，我的这本书终于要面世了。

首先感谢您阅读完这本书，翻到这一页。

看完了这本书以后，您有什么感想？

是不是和我一样，惊奇地发现：

对于孩子来说，时间管理的方法竟然有那么多！

是不是也会有一丝忧虑：

"我能教会孩子吗？"

"我的孩子能学会吗？"

或者"这些方法，孩子能配合执行吗？"

别着急，时间管理对于儿童和成人来说，都是需要终身学习的内容。就像富兰克林所说的："你热爱生命吗？如果热爱，那么别浪费时间，因为时间是组成生命的材料！"

我们需要给孩子足够的时间，让他认识到时间的重要性，增强紧迫感，愿意学习时间管理的方法，做时间的朋友。

接下来，请各位家长与我一起闭上眼睛，做一个回顾操，让我们一起回忆一下本书最重要的核心模型：PCP儿童时间管理模型。

PCP儿童时间管理模型的底边是"计划力"，左腰是"专注力"，右腰呢？是"坚持力"。好，这本书最最核心的模型"PCP儿童时间管理模型"，大家都记住了吧？这可是小英老师我历时多年实践原创的模型，希望各位家长能和孩子一起牢牢记住，这会让孩子的成长终身受益哦。

在孩子的成长过程中，时间管理是重要的必修课，需要父母和孩子给予更多的重视，花费更多的时间进行引导和训练。

要想让孩子掌握好本书的时间管理方法，建议您这样做。

- 至少看3遍。可以把这本书分享给小学三年级及以上的孩子看。如果是三年级以下的孩子，父母可以和孩子一起共读。

- 与孩子一起实际运用书里介绍的时间管理训练工具和方法。

- 认真完成书中的课后小练习，和孩子一起绘制书中介绍的各种计划表格。

- 和孩子一起坚持不放弃。做好与孩子的亲子沟通，让孩子乐意进行时间管理。

如果完成以上几点后，您觉得掌握得还不是特别充分，那么还可以：

- 关注新浪微博"亲子教育何小英"，关于孩子时间管理的问题，可以与何小英老师互动；

- 关注"妈妈点赞"微信公众号，了解更多有关儿童时间管理的文章以及线上线下的课程；

- 听我即将推出的儿童时间管理系列音频课；

- 参加我的线上"儿童时间管理"训练营；

- 参加我的线下"儿童时间管理"家长课和讲师课；

- 加入"儿童时间管理"的父母微信社群，和我，以及更多的父母一起学习、交流和提升。

......

这些线上线下深度学习和链接的方法，都可以帮助父母和孩子有效掌握时间管理的实用方法，帮助孩子高效学习、幸福成长！

儿童时间管理是父母和孩子的终身必修课！让我们一起携手，帮助孩子爱上时间、珍惜时间、管理时间、做时间的好朋友吧！

致谢
MOMUP

这本书的诞生凝结了许多人的努力与付出，在此真诚地表示感谢。

感谢本书的总策划秋叶大叔专业、耐心、严格的指导，让我静下心来，去深入研究"儿童时间管理"的奥秘与精髓，总结出行之有效的训练方法。我的愿景是致力于帮助 1000 万个家庭培养高效、高情商的孩子，教父母掌握解决孩子时间管理问题的有效方法。

感谢阳米科技 CEO、"妈妈点赞"创始人邻三月和她的团队，在本书出版的前期策划与后续推广工作上给予的大力支持和精心组织。

感谢"妈妈点赞"特邀编辑黄晓敏老师对本书的精心修改、编辑和润色，使得这本书的可读性提高很多。

感谢佳少、姚志梅、江晓露、李紫薇、大眼睛姐姐等老师在本书内容、结构、插画设计、宣传推广上提出的很多宝贵的建议和幕后支持！老师们群策群力，使这本书的场景化效果凸显，让父母和孩子在运用本书的过程中感同身受，乐于接受这些方法的推荐。

感谢"樱花丛"组合的另外两位老师魏华和李丛，我们不仅携手完成了第一本书《不急不吼 轻松养出好孩子》，又一起组群写出了各自的第二本书。我们三位的第二本书都属于"不急不吼"系列，魏华老师的书是提升孩子学习力方向的《不急不躁　用游戏提升儿童学习力》，李丛老师的书是多子女养育方向的《不急不乱　轻松养育多孩》。组群的过程中，我们互相鼓励、互相支持，效率提高了很多，写书的路上就不会显得孤单和无助。

感谢"秋叶商学院写书私房课"的同学们对我的鼓励和支持。写作不易，有幸我们一起携手，互相交流和鼓劲，致敬在写作过程中拼搏的我们！

感谢我的学员、读者和粉丝为这本书提供了大量的案例素材，书中有些孩子的案例来源于我的粉丝和学员。希望这本书能够帮助你们有效解决孩子时间管理方面的核心问题。

感谢我的家人在背后默默地支持，特别是我家孩子牛宝。这本书的写作任务紧，我陪伴牛宝的时间少了很多。当我告诉牛宝，这本书写完以后会帮助他和更多的孩子管理好时间，高效学习，健康成长，他特别理解和支持我，给予了我更多的时间写作。书里有些案例就是牛宝的亲身经历，书中介绍的很多方法牛宝也已经用过，这些方法对牛宝时间管理能力的提升帮助非常大。

最后，感谢每一位翻开本书的读者，感谢你们的支持和鼓励，让我在研究儿童时间管理的道路上坚持不懈，勇往直前！

以下是本书的所有方法清单。

- 1 套核心模型：PCP 儿童时间管理模型。

- 2 个儿童时间管理训练黄金期：3 ~ 6 岁（幼儿园）、6 ~ 9 岁（小学一至三年级）。

- 3 个小测试：钟摆型父母和闹钟型父母测试、儿童性格测试、生物钟类型测试。

- 5 个儿童常用的时间管理工具：时钟、闹钟、计时器、番茄时钟、沙漏。

- 5 种每日计划形式：时钟计划图、九宫格计划图、清单计划图、表格式计划表、思维导图计划。

- 10 个实用表格：每日计划表、放学后安排清单、目标制订表、考试复习表、周末安排表、寒暑假每日计划、周计划、月计划、作业登记本、电子产品使用协议。

- 8 个实用模型：SMART 工具、AROR 考试复习四步法、时间管理四象限法、ABC 任务管理法、4C 鼓励法、FISH 批评法、红绿灯情绪管理法、SOS 三步法。

- 6 个痛点场景：上课、考试、做作业、玩电子产品、寒暑假、周末。

- 3 个趣味游戏：猜时间游戏、背部猜字游戏、舒尔特方格。

- 儿童时间管理培养五大困惑。

- 7 个"小英老师在线"。